業務委託契約書
作成のポイント

弁護士 **淵邊善彦**
Yoshihiko Fuchibe

弁護士 **近藤圭介**
Keisuke Kondo

【編著】

中央経済社

はしがき

　企業取引の中で，近年最もよく使われる契約形態の1つが業務委託契約である。業務委託という用語は，民法上の典型契約である請負や委任などに分類される契約に広く使われており，サービス業務全般をカバーし，契約の内容もさまざまなバリエーションがある。そのため，日常的によく目にする契約でありながら，当事者間の合意内容が請負か委任かがはっきりしなかったり，業務委託の範囲や対価の支払いの合意が不明確であったりという理由で紛争になることが少なくない。にもかかわらず，売買契約に関する解説書に比べて，実務上参考になる業務委託契約に関する解説書は少ないのが実情である。

　AIやIoTによる技術革新が進む中で，業務の効率化やコストの削減のため，今後企業が専門業者に外部委託（アウトソース）する機会は，ますます増加することが予想される。それに伴い次々に新しいサービスが生まれ，委託する業務の内容も複雑化，高度化し，それらをカバーする業務委託契約も進化を続けていくであろう。このような新しい契約形態についても，業務委託契約の基本をしっかり押さえておけば，十分応用が可能となるはずである。

　本書は，業務委託契約の基本となる製造委託に関する契約書と役務提供委託に関する契約書のサンプルについて，当事者間の交渉に焦点を当てて，各条項の解説と条項例のパターンを示してある。委託者と受託者における検討，交渉，修正等のプロセスをイメージできるような記述を心掛けた。業務委託契約の作成や交渉の場面で，本書が手元で常に参照され，広く活用されることを願っている。

　2020年4月から施行される民法改正についても，各条項に関連するポイント

はしがき

を簡潔に解説した。施行後の契約書に規定されるべき条項例について記載することは，交渉に焦点を当てる本書の性格上，煩瑣で読みにくくなってしまうため割愛することにした。

なお，システム開発委託契約，共同研究開発契約，OEM契約なども業務委託契約の一種であるが，それぞれ特殊性があり論じるべき点も多いため，コラムで簡単に触れるにとどめた。

最後に，本書の刊行に際し多大なサポートをしていただいた中央経済社実務書編集部の川副美郷氏に心よりお礼を申し上げる。

2018年7月

編著者　淵邊　善彦

目　次

はしがき　i

第1章　業務委託契約の法的性質

1 業務委託契約とは　1

2 委任との関係　3

3 売買との関係　6

4 雇用との関係　6

5 派遣との関係　8

6 実務における契約類型　11

第2章　業務委託契約における法令の適用

1 民　法　13

2 商　法　15
(1) 商法の適用　15
(2) 運送営業に関する規定　15
(3) 倉庫営業に関する規定　16

3 独占禁止法（物流特殊指定）　17

目　次

4　下請法　21

5　運送関係業法　25

6　建設業法　26

7　倉庫業法　27

8　労働関係法等　28

9　個人情報保護法　28

10　知的財産法　29

11　印紙税法　30

第3章　製造委託基本契約の解説

1　前　文　34
(1)　前文の機能　34
(2)　契約の当事者　34
(3)　業務委託の範囲　35
(4)　民法改正による条項改定の要否　36

2　目　的　36
(1)　目的条項の機能　36
(2)　適用範囲　37
(3)　基本契約と個別契約　37
(4)　善管注意義務　38
(5)　民法改正による条項改定の要否　39

目　次

3　個別契約　40
(1)　個別契約における決定事項　40
(2)　個別契約における決定事項と下請法　44
(3)　個別契約の成立時期　47
(4)　民法改正による条項改定の要否　48
▶コラム　OEM契約　50

4　製造代金　53
(1)　製造代金の決め方　53
(2)　分割払いの方法　54
(3)　民法改正による条項改定の要否　55

5　貸　与　品　56
(1)　貸与品に関する適用　56
(2)　民法改正による条項改定の要否　58

6　支　給　品　59
(1)　支給品条項に係る留意点　60
(2)　民法改正による条項改定の要否　61
▶コラム　歩留り補償条項　62

7　指図，報告，現場責任者　64
(1)　偽装請負　65
(2)　民法改正による条項改定の要否　66

8　法令上の責任　67
(1)　遵守する法令　67
(2)　受託者の第三者に対する責任　68
(3)　受託者における法令違反が問題となった事例　69
(4)　民法改正による条項改定の要否　70

目　次

▶コラム　業務委託と内部統制　71

9　再委託　73
(1)　再委託条項の意義　73
(2)　再委託を行う際の制限　74
(3)　再委託を行った場合の受託者の責任　76
(4)　再委託を行った場合の報酬の支払い方法　76
(5)　民法改正による条項改定の要否　77

10　製品の納入　78
(1)　製品の納入条項に係る留意点　78
(2)　民法改正による条項改定の要否　79

11　製品の検品　79
(1)　受入検査の意義　80
(2)　受入検査の合格の法的意義　81
(3)　受入検査の時期等　81
(4)　民法改正による条項改定の要否　82

12　品質管理体制　83
(1)　品質管理体制に係る条項の留意点　83
(2)　民法改正による条項改定の要否　85

13　担保責任　85
(1)　瑕疵担保責任（条項例第1項）　85
(2)　拡大損害等に係る責任（条項例第2項）　92

14　製造物責任　93
(1)　製造物責任の意義　93
(2)　欠陥の原因　96

(3)　リコール　97
　(4)　民法改正による条項改定の要否　97

15　所有権の移転, 危険負担　98
　(1)　所有権の移転時期　98
　(2)　危険負担　99

16　知的財産権の帰属・利用　103
　(1)　知的財産権の帰属等に係る条項の留意点　103
　(2)　民法改正による条項改定の要否　108
　▶コラム　研究・開発の委託, 共同研究開発　109

17　製造および譲渡に関する制限　111
　(1)　製造および譲渡に関する制限条項に係る留意点　111
　(2)　民法改正による条項改定の要否　112

18　第三者が保有する知的財産権の侵害　112
　(1)　知的財産権の侵害に係る条項の留意点　113
　(2)　民法改正による条項改定の要否　114

19　部品供給　114
　(1)　部品供給に係る条項の留意点　114
　(2)　民法改正による条項改定の要否　115
　▶コラム　システム開発契約　116

20　個別契約の解約　117
　(1)　法律の規定　117
　(2)　個別契約の解約条項に係る留意点　118
　(3)　民法改正による条項改定の要否　119

21　本契約の有効期間　119

目　次

(1)　契約の有効期間条項に係る留意点　120
(2)　民法改正による条項改定の要否　121

22　本契約および個別契約の解除　121
(1)　法律の規定　122
(2)　契約による解除条項の修正の意義　123
(3)　民法改正による条項改定の要否　125

23　本契約終了時の取扱い　129
(1)　残存条項の意義　129
(2)　残存条項の対象とすべき条項　130
(3)　ノウハウ資料などの返還方法　131
(4)　民法改正による条項改定の要否　131

24　損害賠償責任　131
(1)　法律の規定　131
(2)　損害賠償の条項を設ける意義　135
(3)　民法改正による条項改定の要否　139

25　秘密保持　142
(1)　法律による秘密の保護　143
(2)　秘密保持条項　145
(3)　民法改正による条項改定の要否　149

26　権利義務の譲渡禁止　149
(1)　債権および債務ならびに契約上の地位の移転　149
(2)　サンプル条項　150
(3)　民法改正による条項改定の要否　151

27　反社会的勢力の排除　154

(1) 趣　　　旨　155
(2) 反社会的勢力の意義　155
(3) 民法改正による条項改定の要否　156

28　不可抗力　156
(1) 不可抗力に係る条項の留意点　156
(2) 民法改正による条項改定の要否　158

29　協　　　議　158
(1) 協議に係る条項の留意点　158
(2) 民法改正による条項改定の要否　159

30　紛争解決　159
(1) 準拠法条項　159
(2) 管轄条項　160
(3) サンプル条項　162
(4) 民法改正による条項改定の要否　162
▶コラム　海外企業との業務委託契約　163

第4章　役務提供型の業務委託契約の解説

1　業務内容　168
(1) 業務内容の特定　168
(2) 特定の方法とレベル　170
(3) キーパーソンの特定　171
(4) 受託者の責任　172
(5) 民法改正による条項改定の要否　173

目　次

2　納品・検収　173
(1)　役務提供型業務委託における「成果物」の扱い　173
(2)　民法改正による条項改定の要否　174

3　完了の報告等　174
(1)　報告に係る条項の留意点　174
(2)　民法改正による条項改定の要否　176

4　支払方法　176
(1)　支払方法に係る条項の一般的な留意点　176
(2)　契約が途中で終了した場合の対価の取扱い　178
(3)　民法改正による条項改定の要否　178

5　知的財産権の帰属　181
(1)　知的財産権の帰属　181
(2)　民法改正による条項改定の要否　182

6　損害賠償　182
(1)　損害賠償に係る条項の留意点　182
(2)　民法改正による条項改定の要否　182

7　競業禁止　183
(1)　競業禁止に係る条項の留意点　183
(2)　民法改正による条項改定の要否　185

8　個人情報の取扱い　185
(1)　個人情報の取扱いに係る条項の留意点　185
(2)　民法改正による条項改定の要否　188

9　再委託　189

(1) 再委託に係る条項の留意点　189
(2) 民法改正による条項改定の要否　190

10　中途解約　190

(1) 中途解約に係る条項の留意点　191
(2) 民法改正による条項改定の要否　192
▶コラム　委託と個人情報保護法　193

巻末資料1〔製造委託型〕　製造委託基本契約書（サンプル）　195
巻末資料2〔役務提供型〕　業務委託契約書（サンプル）　213
索　　引　223

業務委託契約の法的性質

1 業務委託契約とは

　企業の業務の一部を専門性の高い外部の企業に委託することを業務委託またはアウトソーシングという。今日，製品の製造や建設工事に使われる契約が典型的であるが，それ以外にも外部の人材やサービスを活用する方法としてよく利用されており，それらの場合にはコンサルティング契約，サービス契約ということもある。

　従来の日本企業は，市場調査，研究・開発，原材料調達，製造，販売，運用・保守などの一連の事業活動を自社またはそのグループ会社だけで行うことが多かった。今後，IoT，ビッグデータ，AI等による技術の急速な進歩や産業構造の変化に伴い，他社との協業や提携が不可避になろうとしている。自社の機能の一部をアウトソースするために締結される業務委託契約の重要性はますます高まってくると考えられる。さらに，技術の進歩や社会の変化に伴って新しいサービスが次々に生まれ，そのサービスの提供に関する新たな契約形態が生まれることが予想される。それらの契約のベースになるものはアウトソーシングや業務委託に関する契約であると思われ，その特色や重要性をよく理解することにより，新たなサービスの提供に関する契約にも対応できる能力が磨か

れることが期待できる。

　業務委託やアウトソーシングを利用する企業の大きなメリットとしては，専門のスタッフを雇用する必要がなく人件費や教育費を負担せずに済むことにある。雇用という形態をとると，労働契約法の適用によって，リストラや人事異動が制限されるため，それ以外の契約形態で外部の資源を利用することがよく行われている。

　他方で，業務委託やアウトソーシングにおいては，自社の社員のように指揮命令ができず，委託者は，受託者に依存しすぎてしまいがちである。また，委託者から見ると，機密漏えい等のセキュリティ上の問題やクオリティの維持の難しさという問題もある。

　そのため，業務委託やアウトソーシングの際は，業務委託契約書において，委託業務の詳細や責任の所在を明確にし，実効性のある契約にしておく必要がある。

　業務委託契約において取り扱われる業務は多種多様であるが，大きく分けると，モノに関する契約とサービスの提供（役務提供）に関する契約に整理できる。例えば，モノに関する契約としては，製品の製造委託契約やOEM契約，管理部門の業務を委託するビジネスプロセスのアウトソーシング契約（BPO契約），商品の運搬等に関する業務委託契約，プロパティマネジメント契約などが挙げられる。また，サービスに関する契約としては，調査業務委託契約，人材派遣に関する業務委託契約，コールセンター業務の委託契約，システムの開発委託や運用・保守に関する契約，コンサルタント業務委託契約，研究開発委託契約などが挙げられる。

　情報技術革新が進むとともに，「モノの製造・売買」から「サービスの提供」に取引の重心が移ってきており，業務委託が利用される場面が増えてきている。また，新しい取引や複雑な取引が増えるに従って，民法の典型契約の枠に捉われない新しい形態の契約も増えてきている。

　法的性質という観点からは，大きく分けて受託者に仕事の完成を約束させるもの（請負型）と，受託者に事務の処理を委託させるもの（委任型）に分けら

れる。以下では，業務委託契約の典型である請負契約について，委任・準委任契約やその他の契約形態との法的な違いに着目しながら概観することとする。

2 委任との関係

　請負は，請負人が仕事の完成を約し，注文者がその結果に対して報酬を支払うことを約することによって成立する有償，双務，諾成契約[1]である。仕事の完成は，請負人の最も基本的な義務であり，報酬と対価関係にあるとともに，報酬の支払時期とも関係するので，その確定は非常に重要になる。請負人は仕事の完成に責任を持つことになり，目的物（成果物）の引渡義務と報酬の支払義務は同時履行の関係に立つことになる。また，請負は仕事の完成を義務としている以上，仕事に瑕疵があった場合，瑕疵の修補をはじめとする瑕疵担保責任を負う。

　それに対し，委任は法律行為または事実行為を依頼する契約（事実行為を依頼する場合は「準委任」という）であり，無償契約が民法上の原則ではあるが，受任者が依頼された業務を行えば，発生した費用の請求権もある。特約がある場合や，商人が営業として行う場合は，受任者は委任者に対して報酬を請求することもできる。受任者は善良なる管理者の注意義務をもって事務を処理する義務（善管注意義務）があり，この義務を尽くせば期待される結果が出なくても債務不履行にはならない。一方，その業務の遂行過程に問題があった場合には，善管注意義務違反として，責任を追及されることもある。

　以上のような違いの他にも，当事者が契約を中途解約したいと考えたとき，請負人からの解除は，請負では認められていないのに対し，委任ではいつでも受任者からの解除が認められている。注文者に委任者からの解除の際にも，請

1　有償契約とは，売買，賃貸借のように契約当事者が互いに対価的意味を持つ給付をする契約をいう。双務契約とは，契約当事者が相互に対価的な債務を持つ契約をいう。諾成契約とは，契約当事者の合意だけで成立する契約をいう。

負と委任では，損害賠償の義務を負うのか否かという大きな違いがある。また，請負契約を締結する際の契約書は課税対象になるが，委任契約の契約書は非課税とされている。

　請負と委任には，このような差異があるにもかかわらず，締結された契約が請負か委任かを区別するのは容易ではない場合も多い。請負と委任のいずれに該当するかは，契約に至る経緯や契約の内容などを総合的に考慮して判断されるのであって，単に契約書の表題や条項に「請負契約」と表記されていたからといって請負契約になるわけではない。例えば，市場調査を委託する場合に，単に市場における消費者ニーズ等を調査する合意であれば準委任であり，調査結果を分析したうえで商品販売戦略の提案まで行うこと（成果物）を合意すれば請負になるといえる。しかし，前者の場合でも，報告書や調査資料などの一定の成果は想定しうる。実際には，仕事の完成を目的とするかどうか当事者間の意思があいまいであったり，当事者間の合意がはっきりしていてもそれが契約書上明記されていなかったりして，法的性格が争われるケースもある。

　委任も請負も，注文者（委任では委任者）から，請負人（委任では受任者）の従業員に直接指示を出すことはできず，注文者が当該従業員に対し労働基準法上の責任を負わない点は同じである。

　ソフトウェア開発委託契約においてプログラムが完成しなかった場合に，代金や費用の請求権があるかどうかで紛争になることがよくある。また，不可抗力によって履行不能になった場合の報酬や費用の請求権についても，委任についてはその時点までの分は発生するが，請負については発生しないことになる。その他，解除できる時期やその際の損害賠償義務についても違いがある。これらの場合に，その契約の内容が委任か請負かが大きな争点になりえる。

　なお，弁護士や医者との契約は，基本的には委任契約であって，仕事の完成の有無は問題にならないと考えられている（もちろん仕事の質や報告の有無は問題になりえるほか，個別に請負の規定が適用される場面もありうる）。

　委託者または受託者にとって，請負と委任のどちらのほうが有利であるといったことは，必ずしも一概に言えるものではない。上述のように，請負の場

合，仕事の完成が要求され，受託者に重い責任が課されるため委託者に有利と思われがちであるが，委任の場合，業務の遂行過程も善管注意義務の対象となるため，結果だけでなくその遂行過程に問題があった場合にも責任を問われることになる。いずれの契約を選択すべきかについては，その契約の目的に合わせて検討する必要がある。

請負と委任の主な違いを表にすると【図表1-1】のとおりとなる。ここで，請負における「注文者」，委任における「委任者」をどちらも「委託者」と呼び，請負における「請負人」，委任における「受任者」をどちらも「受託者」と呼んで比較し，第3章以下の解説も同様の呼び方とする。

【図表1-1】請負と委任の違い

	請　　負	委任・準委任
契約の目的	受託者が委託された仕事を完成すること	受託者が委託された事務を処理すること
受託者の義務	受託者は仕事を完成する義務を負う。	受託者は善管注意義務を負う。
報酬請求権	受託者は仕事を完成した後でなければ報酬を請求できない。	受託者は委任事務を履行した後でなければ報酬を請求できない。
契約解除権	委託者は，原則として，仕事が完成するまでの間はいつでも損害を賠償して解除できる。受託者は，契約を解除することはできない。	（委託者および受託者）いつでも契約を解除できる。ただし，相手が不利なときに解除した場合は，損害賠償義務を負う
瑕疵担保責任	受託者は，仕事に瑕疵があれば，瑕疵担保責任を負う。	規定なし
報告義務	受託者は報告義務を負わない。	受託者は，委託者の請求があれば，いつでも事務処理状況を報告し，委任事務の終了後は顛末の報告義務を負う。
印紙税	課税文書	原則，不課税文書
根拠法	民法632条〜642条	民法643条〜656条

3 売買との関係

　いわゆる製作物供給契約において，売買か請負かが問題になることがある。製作物供給契約とは，相手方の注文に応じて仕事を完成させる請負の性格と，製作物の売買の性格との両方が含まれている。特約がなければ，民法上，製作については請負，製作物の取引については売買の規定が適用される。また，製作物供給契約は，その性格上請負と売買の両規定が適用または準用される混合契約であると判断されることも少なくない。

　売買とされると，製品に瑕疵があった場合，商業上の取引では瑕疵担保責任に基づき6か月間という短期間でしか責任追及ができない。請負とされると，仕事の完成までの間はいつでも契約の解除が可能であり，債務不履行責任（5年間）も，瑕疵担保責任も追及可能になる。したがって，後日その性格が争われないよう，これらの責任について具体的な取り決めをしておくべきである。

　また，契約時点で完成していない製品について完成後に引渡しを受け，対価を支払う契約においては，その製品の完成が遅れる，または最終的に完成しないなどの場合に，開発委託（請負）なのか売買なのかが問題になりうる。そのような場合の事後処理方法を契約上明確にしておく必要がある。

　さらに，物の売買とその後のメンテナンスサービスの提供が合わせて合意されている契約もある。物の売買自体は低価格で行い，長期のサービス提供の対価で利益を得る形態の契約も増えている。

4 雇用との関係

　雇用契約（労働契約）とは，労働者が使用者に対して労働に従事することを約し，使用者がこれに対して対価を支払うことを約することで成立する契約をいう（民法623条，労働契約法6条）。そして，雇用と請負も，実態と契約書が

乖離しているケースがよくある契約形態である。会社側から見ると，請負であれば労働基準法や労働契約法の適用がなく，社会保険の負担も生じないため，実際には，請負や業務委託という名前の契約の下で，雇用と同様の実態があることがしばしば起こっている。

　雇用の場合は，会社（使用者）の一般的指揮監督関係に入り，一定の規律の下で労働者として労務提供することになる一方，請負の場合は，前述のとおり仕事の完成を目的とするもので，会社の指揮監督は受けず，独立して業務を行うことになる。また，雇用の場合は，労働の成果は問わず，働いた時間を基準に報酬が払われるのが一般的であるが，請負では仕事の完成に対して報酬が支払われるのが通常である。

　両者の区別としての労働者性の判断基準としては，以下のようなものがあり，各要素を総合考慮して判断される[2]。

① 個別の仕事の受注や業務に従事する場合に，自己の計算と責任において諾否を決定する裁量があるか（諾否の自由があれば労働者性は弱まる）
② 仕事を進めていく上で，その方法や時間配分等について指揮命令を受けているか（指揮命令を受けていれば労働者性は強まる）
③ 仕事をする際に場所や時間を拘束されているか（時間および場所が拘束されていれば労働者性は強まる）
④ 仕事を代わりの者がやってもよいか（他人によって代替可能であれば労働者性は弱くなる）
⑤ 報酬の支払形態がどのようになっているか（報酬が時間単位で計算されるなど労務提供の時間の長さに応じて報酬額が決まる場合には，労働者性は強まる。これに対して，時間ではなく仕事の成果に対して報酬が支払われているときには労働者性は弱まる）
⑥ 自己の所有する機材等を用いて仕事を行っているか（仕事を進めるために

2　労働基準法研究会報告「労働基準法の『労働者』の判断基準について」（1985年12月）。

必要な機材が会社から無償で提供されていれば労働者性は強まる）
⑦　報酬の額が同種の業務を行う正規労働者と比べて高額であるか（高額であれば労働者性は弱まる）
⑧　他社の業務に従事することが困難であるような制約を受けているか（制約を受けていれば労働者性は強まる）

　仮に雇用に該当する場合，労働基準法その他労働関係法令に基づくあらゆる規制に服するとともに，社会保険，雇用保険および労災保険などの各種保険への加入義務が課されることになる。
　なお，現在，雇用に該当しない場合であっても，雇用類似の働き方の者については雇用の場合と同様の保護を行うことが検討されており，平成30年３月30日に行われた「雇用類似の働き方に関する検討会」において，保護の内容として，契約条件の明示，契約内容の決定・変更・終了のルールの明確化，契約の履行確保，報酬額の適正化等が検討されているところである[3]。

5　派遣との関係

　労働者派遣とは，自己の雇用する労働者を，当該雇用関係の下に，かつ，他人の指揮命令を受けて，当該他人のために労働に従事させることをいう。ただし，当該他人に対し当該労働者を当該他人に雇用させることを約してするもの（いわゆる出向）は労働者派遣には含まれない（労働者派遣法２条１号）。
　派遣と請負の違いもよく問題になる（【図表１-２】参照）。労働者派遣においては労働者が派遣先の指揮命令に服するのに対し，請負の場合は注文先の指揮命令には服さない。派遣事業を行うためには労働者派遣法の規制に従う必要があるが，請負は，発注企業の指揮命令を一切受けず，雇用主である請負企業

3　http://www.mhlw.go.jp/file/05-Shingikai-11909500-Koyoukankyoukintoukyoku-Soumuka/0000201113.pdf

【図表1-2】派遣と請負の違い

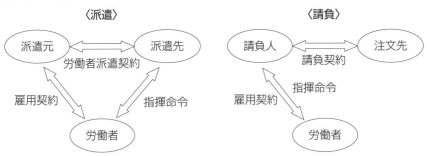

のみの指揮命令を受け，請負企業の指揮命令下に，請負企業のために就労することとなる。

　そして，業務処理請負か労働者派遣かは，契約名称ではなく，その実態によって判断されることになる。すなわち，仮に，契約名称において請負の形式がとられていたとしても，請負企業側が指揮命令を行わず，当該請負企業に雇用される労働者が請負業務遂行のため発注企業の事業場に赴き，発注企業が指揮命令を行っているような実態があれば，業務処理請負（「偽装請負」と呼ばれる）に該当する可能性が高いといえる。

　偽装請負が「労働者派遣」（労働者派遣法2条1号）に該当し，かつ派遣事業の許可を受けていない場合（同法5条1項），労働者派遣を行っている側は罰則（同法59条1号・2号）により処罰される可能性がある。また，労働者派遣を受けている側には，労働者派遣法が定める義務に違反するものとして罰則（同法61条3号など）により処罰される可能性があるほか，派遣事業の許可を受けていない者からの労働者派遣を受け入れることを禁止する規定（同法24条の2）に違反するものとして，行政指導（同法48条1項），改善命令（同法49条），勧告（同法49条の2第1項），企業名の公表（同法49条の2）がなされる可能性がある。

　派遣と請負を区別する基準として，「労働者派遣事業と請負により行われる事業との区別に関する基準」（昭和61年労働省告示，最終改正：平成24年厚生労働省告示第518号）において次のとおり定められている。

第1章　業務委託契約の法的性質

　請負の形式による契約により行う業務に自己の雇用する労働者を従事させることを業として行う事業主であっても，当該事業主が当該業務の処理に関し次の各号のいずれにも該当する場合を除き，労働者派遣事業を行う事業主とする。
一　次のイ，ロ及びハのいずれにも該当することにより自己の雇用する労働者の労働力を自ら直接利用するものであること。
　　イ　次のいずれにも該当することにより業務の遂行に関する指示その他の管理を自ら行うものであること。
　　　⑴　労働者に対する業務の遂行方法に関する指示その他の管理を自ら行うこと。
　　　⑵　労働者の業務の遂行に関する評価等に係る指示その他の管理を自ら行うこと。
　　ロ　次のいずれにも該当することにより労働時間等に関する指示その他の管理を自ら行うものであること。
　　　⑴　労働者の始業及び終業の時刻，休憩時間，休日，休暇等に関する指示その他の管理（これらの単なる把握を除く。）を自ら行うこと。
　　　⑵　労働者の労働時間を延長する場合又は労働者を休日に労働させる場合における指示その他の管理（これらの場合における労働時間等の単なる把握を除く。）を自ら行うこと。
　　ハ　次のいずれにも該当することにより企業における秩序の維持，確保等のための指示その他の管理を自ら行うものであること。
　　　⑴　労働者の服務上の規律に関する事項についての指示その他の管理を自ら行うこと。
　　　⑵　労働者の配置等の決定及び変更を自ら行うこと。
二　次のイ，ロ及びハのいずれにも該当することにより請負契約により請け負つた業務を自己の業務として当該契約の相手方から独立して処理するものであること。
　　イ　業務の処理に要する資金につき，すべて自らの責任の下に調達し，かつ，支弁すること。
　　ロ　業務の処理について，民法，商法その他の法律に規定された事業主としてのすべての責任を負うこと。
　　ハ　次のいずれかに該当するものであって，単に肉体的な労働力を提供するものでないこと。
　　　⑴　自己の責任と負担で準備し，調達する機械，設備若しくは器材（業務上必要な簡易な工具を除く。）又は材料若しくは資材により，業務を処理すること。
　　　⑵　自ら行う企画又は自己の有する専門的な技術若しくは経験に基づいて，業務を処理すること。

かかる基準によると，請負の形式による契約により行う業務に自己の雇用する労働者を従事させることを業として行う事業主であっても，当該事業主が当該業務の処理に関し，①事故の雇用する労働者の労働力を自ら直接利用するものであることおよび②請負契約により請け負った業務を自己の業務として当該契約の相手方から独立して処理するものであることのいずれにも該当する場合を除き，労働者派遣事業を行う事業主とするものとされている。各都道府県労働局においては，基本的にこれに従った指導が行われている。したがって，これに従って，契約書等の形式面を整えたうえで，業務遂行の実態もその形式に合ったものにする必要がある。

6　実務における契約類型

　理論的には以上のとおり分類できるが，実務において締結される契約がどの類型に当てはまるかは，必ずしも明確でないことが少なくない。また，契約書で規定されている契約類型と，実際の取引形態との間で食い違いが生じていることもある。例えば医者と患者の間の診療契約や弁護士と依頼者との間の委嘱契約などは，主として委任契約の規定が適用されるが，部分的には請負契約の規定が適用される場面もありえる。契約の形式は請負であっても，実態は雇用ということもある。契約書のタイトルや形式に縛られることなく，業務委託契約あるいは役務提供契約という広い概念の下で，当事者が何を行おうとしており，どのような権利義務が生じるのかについて具体的に考えていくことが，いざという時に役に立つ契約書の作成や，現実に即した有益なアドバイスにつながることになる。

業務委託契約における法令の適用

業務委託契約は，前述のとおり多様な取引形態をカバーするものであり，取引の目的物もモノやサービスなどさまざまである。そのため，関連する法令も多種多様になるが，ここでは，特に注意しておくべき関連法令について概説する。

1 民　　法

業務委託契約に適用される法律の代表は民法である。

すなわち，業務委託契約が委任契約に該当する場合には，民法総則（民法1条〜174条），契約総則（民法521条〜548条）に加え，委任に関する規定（民法643条〜656条）が適用され，また，請負契約に該当する場合には，民法総則，契約総則に加え，請負に関する規定（民法632条〜642条）が適用され，さらには寄託契約[1]に該当する場合には，民法総則，契約総則に加え，寄託に関する

---

[1] 寄託は，他人の物を保管するという役務を提供する契約である。受託者が，委託者のために保管することを約して，物を受け取ることによって成立する（民法657条）。受託者は，無償寄託の場合は自己の財産と同一の注意義務を，有償寄託の場合は善管注意義務を負う。ただし，商人が，その営業の範囲内で寄託を受ける場合は，常に善管注意義務を負う（商法593条）。

第2章　業務委託契約における法令の適用

規定（民法657条～666条）が適用される。

ただし、以下で説明する特別法の規定が適用される場合には、民法と特別法の規定の内容が抵触する限りで民法に優先して特別法の規定が適用されることになる。

2017年5月26日に「民法の一部を改正する法律」（以下「改正民法」という）および「民法の一部を改正する法律の施行に伴う関係法律の整備等に関する法律」（以下「整備法」という）が成立し、同年6月2日に公布された。改正民法は、基本的に一括して2020年4月1日に施行され、同日以降に成立した契約関係や発生した債権債務関係については、改正民法が適用される。もっとも、一部の規定については、上記とは異なる経過措置に係る規定が設けられている。例えば、時効の中断・停止（新法においては、時効の更新・完成猶予と定義される）については、その原因となる事由が改正民法適用後に生じた場合に限って改正民法が適用される。また、改正民法で新設される定型約款の規定については、施行日前に締結された契約についても改正民法が適用されるものの、施行日の前日までに反対の意思表示をすれば現行民法が適用される等とされている[2]。

従来の契約実務は、現行民法をベースにそれを取引の実態に合わせて修正することにより対応してきたが、今回の民法改正により、121年ぶりに債権法関係の規定について抜本的に改正されることになったため、そもそもベースにしてきた現行民法の内容が大きく変わることになる。したがって、契約実務において、民法改正の内容をベースに修正等を再検討し、来るべき改正民法の施行に対応する必要に迫られている。

そのため、本書では、第3章および第4章において、現行民法の下での製造委託基本契約および役務提供型業務委託契約の解説をするが、それに加え、改正民法についての一般的な解説を適宜加えるとともに、実務に与える影響について言及することとした。

---

[2] その他経過措置に係る詳細は、筒井健夫＝村松秀樹編著『一問一答　民法（債権関係）改正』（商事法務、2018年）（以下「一問一答」という）378～387頁。

なお,以下の記述において「民法」と単に記載しているものは,現行民法を指すこととする。

2 商　　法

(1) 商法の適用

少なくとも契約当事者の一方が会社であり,当該業務委託契約の締結がその事業としてする行為またはその事業のためにする行為であれば,当該業務委託契約の締結においては商法が適用されることになる。この点について,商法は,「当事者の一方のために商行為となる行為については,この法律をその双方に適用する。」(商法3条1項)と規定されているところ,会社法では「会社……がその事業としてする行為及びその事業のためにする行為は,商行為とする。」(会社法5条)と規定している。さらに,会社が行う行為は「その事業としてする行為」または「その事業のためにする行為」に該当すると推定されるため[3],会社が締結した業務委託契約については,原則として商法が適用されることになる。民法の特則として業務委託契約に適用されうる商法の規定のうち,最低限知っておく必要があるのは,商行為総則の規定(商法501条～522条)である。また,契約の類型によっては,運送営業に関する規定(商法569条～592条),運送取扱営業に関する規定(商法559条～568条),寄託に関する規定(商法593条～596条)または倉庫営業に関する規定(商法597条～628条)についても理解しておく必要がある。以下でどのような契約類型に適用されるのかについて簡単に解説する。

(2) 運送営業に関する規定

まず,運送営業に関する規定が適用されるのは,陸上または湖川,港湾で物

3　最判平成20年2月22日民集62巻2号576頁。

品または旅客を運送することを業とする者（運送人）が行う運送である（商法569条）。運送人は，委託者との間で運送契約を締結し，物品または旅客の運送を引き受ける。

　運送営業は，運送の目的物により，旅客運送と物品運送とに分類される。旅客運送契約は，運送人が自然人を一定の場所から他の場所へ移動させることを約し，相手方がその対価として運賃を支払うことを約する契約である。物品運送契約は，運送人が物品を運送することを約し，相手方がその対価として運賃を支払うことを約する契約である。これらの運送契約については，各業界において統一約款が作成されており，この約款に沿った運送契約が締結されていることも多く，商法の規定のほか，これら約款の規定についても留意する必要がある。一方，海上運送については商法第3編第3章（商法737条以下）に別途規定が存在するため，運送営業に関する規定は適用されない。航空運送についても同様に，商法の運送営業に関する規定は適用されない。

　なお，運送営業行為を自ら行わず，下請を使う場合であっても，運送を引き受けることを業として行えば運送営業となる。

　運送取扱営業に関する規定が適用されるのは，自己の名をもって物品運送の取次ぎを行うことを業とする者（運送取扱人・商法559条）が行う事業である。運送取扱人は，委託者から物品運送の取次ぎに関する委託を受け，委託者の計算において，自己の名をもって運送人と運送契約を締結する。

　運送取扱営業に関する規定については，その対象が物品運送に限定されているが（商法559条），陸上運送のみならず，海上運送についても適用対象となる。委託者と運送取扱人との間の契約についても，運送取扱人の側で約款を作成していることが多く，商法の運送取扱営業に関する規定のほか，これら約款の規定についても留意する必要がある。

(3)　**倉庫営業に関する規定**

　倉庫営業に関する規定が適用される倉庫営業者とは，他人のために物品を倉庫に保管することを業とする者をいうところ（商法597条），商法上の倉庫営業

者に該当するためには，物品を自己の占有下に置くことが要求される。したがって，自己の所有する倉庫に他人の物品を保管する場合であっても，自ら保管することなく，倉庫全体を第三者に貸し付けて倉庫の賃貸を行うに過ぎない者は，ここでいう倉庫営業者にあたらないと考える。

委託者が倉庫営業者に対して物品の保管を委託する契約は，民法上の寄託契約に該当するため，倉庫寄託契約は，倉庫営業者に対して目的物を引き渡すことにより初めて成立する要物契約と解されている（民法657条）。目的物の引渡し前の段階では，委託者による申込みと倉庫営業者による承諾によって「寄託の予約」がされているに過ぎず，倉庫営業者は目的物を引き受ける義務を負う一方，委託者は何らの義務も負わず，目的物の引渡しがされるまでは申込みを撤回することは自由とされる。ただし，平成29年民法改正により，民法上の寄託契約が要物契約から諾成契約（当事者間の合意のみによって成立する契約）に改正されたため（改正民法657条），改正民法施行後の倉庫寄託契約は，倉庫への保管の申込みがあり，倉庫営業者がそれを承諾した段階で成立する。

3 独占禁止法（物流特殊指定）

事業者間の物の製造の委託取引および役務の委託契約においては，独占禁止法への抵触についても配慮する必要がある。すなわち，企業間のパワーバランス[4]を背景として，委託者が，受託者に対し，正常な商慣習に照らして不当に不利益となるように取引の条件を設定し，もしくは変更し，または取引を実施するということが想定され，そのようなことが行われた場合には，受託者が取

---

[4] このようなパワーバランスを独占禁止法は「優越的な地位」というが，具体的には，受託者にとって委託者との取引が困難になることが事業経営上大きな支障を来すため，委託者が受託者にとって著しく不利益な要請等を行っても，受託者がこれを受け入れざるを得ないような場合をいい，その判断に当たっては，受託者の委託者に対する取引依存度，委託者の市場における地位，受託者にとっての取引先変更の可能性，その他委託者と取引することの必要性を示す具体的事実（取引当事者間の事業規模の格差，取引の対象となる役務の需給関係等）を総合的に考慮する。

第2章 業務委託契約における法令の適用

引を自由かつ自主的な判断で行うことができなくなり，かつ，委託者はそのような受託者に不利益を押し付けることを背景として自らの競争者との間で有利となる。このような状態は独占禁止法の掲げる「公正かつ自由な競争」に反するため，このようなことを独占禁止法は優越的地位の濫用としてこれを禁止している[5]（このような取引に関する規制は，資本要件を伴い類型化され，下請法にも規制されているが，下請法に係る規制については第2章4を参照）。

優越的地位の濫用として規制される行為類型は以下のとおりである。

① 継続して取引する相手方（新たに継続して取引しようとする相手方を含む。）に対して，当該取引に係る商品または役務以外の商品または役務を購入させること。

② 継続して取引する相手方に対して，自己のために金銭，役務その他の経済上の利益を提供させること。

③ 取引の相手方からの取引に係る商品の受領を拒み，取引の相手方から取引に係る商品を受領した後当該商品を当該取引の相手方に引き取らせ，取引の相手方に対して取引の対価の支払を遅らせ，もしくはその額を減じ，その他取引の相手方に不利益となるように取引の条件を設定し，もしくは変更し，または取引を実施すること。

さらに，近年，役務委託取引が増加し，運輸，ビルメンテナンス等の委託取引のように受託者が役務を提供すること自体で債務の履行が完了するもののほか，ソフトウェア開発，テレビ番組制作等の委託取引のように情報成果物を受託者が引き渡すことで債務の履行が完了するものがあり，その重要性が増加してきているという実情にかんがみて，公正取引委員会は，「役務の委託取引における優越的地位の濫用に関する独占禁止法上の指針」[6]を公表している。当該指針においては，役務の委託取引において特に問題となりやすい類型として，①代金の支払遅延，②代金の減額要請，③著しく低い対価での取引の要請，④やり直しの要請，⑤協賛金等の負担の要請，⑥商品等の購入要請，および⑦役

---

5 独占禁止法2条9項5号。
6 公正取引委員会平成10年3月17日公表（最終改正平成23年6月23日）。

務の成果物に係る権利等の一方的な取扱いを挙げている。なお、このような行為は、一次受託者が委託者から被った不利益を二次受託者等に転嫁している場合もありうるが、そのような場合でも委託者の行為が優越的地位の濫用として問題となりうるため、十分に留意する必要がある。

物流に関する業務委託について、公正取引委員会は、独禁法2条9項6号を受けて、荷主と物流事業者の取引における優越的地位の濫用を効果的に規制するため、「特定荷主が物品の運送または保管を委託する場合の特定の不公正な取引方法」[7]を指定している(物流特殊指定)。かかる「不公正な取引方法」による取引が行われた場合、公正取引委員会は、排除措置および課徴金納付(継続的な優越的濫用に限る)を命ずることができる(独禁法20条・20条の6)。

対象となる取引は、①荷主から委託されている取引の内容が、運送サービスまたは倉庫における保管サービスであること、②荷主と物流事業者の資本金額(出資金額)等が【図表2-1】の関係にあることである(物流特殊指定備考1)。なお、荷主が、物流子会社(荷主の議決権が過半数)を通じて運送サービスまたは倉庫における保管サービスを委託する場合には、物流子会社が荷主とみなされる(この場合の資本金額は、親会社である荷主の資本金額で判断される。資本金額等については、下請法2条9項と同様の規定である)。

【図表2-1】荷主と物流事業者の定義

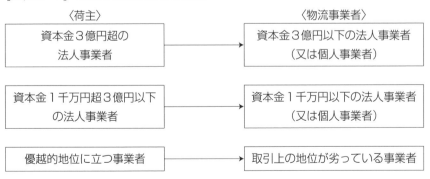

---

7 平成16年3月8日公正取引委員会告示第1号、改正:平成18年3月27日公正取引委員会告示第5号。

第2章 業務委託契約における法令の適用

物流特殊指定に違反するおそれのある「特定の不公正な取引方法」とは，代金の支払遅延，代金の減額，買いたたき，物の購入強制・役務の利用強制，割引困難な手形の交付，不当な経済上の利益の提供要請，不当な給付内容の変更およびやり直し，要求拒否に対する報復措置，情報提供に対する報復措置である（物流特殊指定1項〜8項）。

なお，平成30年2月15日に行われた「人材と競争政策に関する検討会」の報告書[8]において，個人である役務提供者と発注者との間の単独行為で独占禁止法上問題となりうる行為として，①秘密保持義務・競業避止義務を課すこと（不当に不利益を与えるものである場合等），②専属義務を課すこと（不当に不利益を与えるものである場合等），③役務提供に伴う成果物の利用等の制限（不当に不利益を与えるものである場合等），④役務提供者に対して実態より優れた取引条件を提示し，自らと取引するようにすること（他の発注者と役務提供者との取引を妨げることとなる場合等），⑤その他発注者の収益の確保・向上を目的とする行為について指摘されている。⑤については，具体的には，優越的地位にある発注者による役務提供者に対する行為（代金の支払遅延，代金の減額要請および成果物の受領拒否，著しく低い対価での取引要請，成果物に係る権利等の一方的取扱い，発注者との取引とは別の取引により役務提供者が得ている収益の譲渡の義務付け）は，優越的地位の濫用の観点から独占禁止法上問題となりうると指摘されている。これらの行為は，次に述べる下請法に違反する可能性もあるが，下請法の要件を満たさない場合にも，優越的地位の濫用に該当する場合があるとされている。このように，個人との間の業務委託契約においても独占禁止法に違反しないよう十分に留意する必要がある。

8　http://www.jftc.go.jp/cprc/conference/index.files/180215jinzai01.pdf

4 下請法

　下請法は，下請事業者の利益を保護するための法律であり，規模の大きい親事業者（元請）が規模の小さい下請事業者（下請）に対して業務委託を行う場合に適用される可能性がある。適用の対象となる取引は，事業者が「業として行う」①製造委託，②修理委託，③情報成果物委託，④役務提供委託である。各定義は以下のとおりである。

① 製造委託とは，事業者が業として行う販売若しくは業として請け負う製造（加工を含む。）の目的物たる物品若しくはその半製品，部品，附属品若しくは原材料若しくはこれらの製造に用いる金型又は業として行う物品の修理に必要な部品若しくは原材料の製造を他の事業者に委託すること及び事業者がその使用し又は消費する物品の製造を業として行う場合にその物品若しくはその半製品，部品，附属品若しくは原材料又はこれらの製造に用いる金型の製造を他の事業者に委託することをいう（下請法2条1項）。
② 修理委託とは，事業者が業として請け負う物品の修理の行為の全部又は一部を他の事業者に委託すること及び事業者がその使用する物品の修理を業として行う場合にその修理の行為の一部を他の事業者に委託することをいう（下請法2条2項）。
③ 情報成果物作成委託とは，事業者が業として行う提供若しくは業として請け負う作成の目的たる情報成果物の作成の行為の全部又は一部を他の事業者に委託すること及び事業者がその使用する情報成果物の作成を業として行う場合にその情報成果物の作成の行為の全部又は一部を他の事業者に委託することをいう（下請法2条3項）。
④ 役務提供委託とは，事業者が業として行う提供の目的たる役務の提供の行為の全部又は一部を他の事業者に委託すること（建設業を営む者が業として請け負う建設工事の全部又は一部を他の建設業を営む者に請け負わせること

を除く。）をいう（下請法2条4項）。

そして，【図表2-2】のとおり，委託の類型ごとに，親事業者と下請事業者との資本金の額により適用対象となるかが決まる（下請法2条7項・8項）。

【図表2-2】親事業者と下請事業者の定義

製造委託／修理委託／情報成果物委託のうちプログラムの作成委託／役務提供委託のうち運送，物品の倉庫における保管および情報処理に係る委託の場合

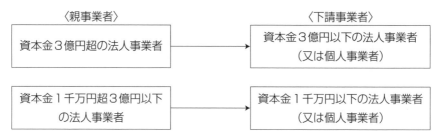

情報成果物作成委託（プログラム作成委託を除く）／役務提供委託（運送，物品の倉庫における保管および情報処理を除く）の場合

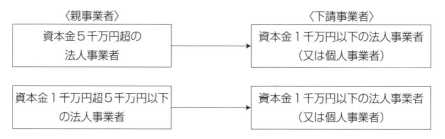

下請法が適用される場合，親事業者は，【図表2-3】の義務を負う。

【図表2-3】親事業者の義務

	タイトル	概　要
①	書面の交付義務	親事業者は，下請事業者に対し，製造委託する場合，発注に際して，必要的記載事項が記載された書面を直ちに交付する義務がある。
②	書類の作成・保存義務	親事業者は，下請事業者に対し，製造委託をした場合は，必要的記載事項を記載した書類を作成し，2年間保存する義務がある。
③	下請代金の支払期日を定める義務	親事業者は，親事業者が下請事業者の給付の内容について検査をするかどうかを問わず，物品等を受領した日から起算して60日以内のできる限り短い期間内で，下請代金の支払期日を定める義務がある。
④	遅延利息の支払義務	親事業者は，下請代金をその支払期日までに支払わなかったときは，物品等を受領した日から起算して60日を経過した日から支払日までの期間について，未払金額に年率14.6％を乗じた額の遅延利息を支払う義務がある。

　下請法が適用される場合，親事業者は，【図表2-4】の11項目の行為をすることが禁止されている。たとえ下請事業者の了解を得ていても，また，親事業者に違法性の意識がなくても，これらの規定に触れるときには，下請法に違反することになるため，契約書の作成時等に留意する必要がある。

【図表2-4】親事業者の禁止事項

	タイトル	概　　要
①	受領拒否の禁止	下請事業者の責に帰すべき事由がないのに，注文した物品等の受領を拒むことを禁止する。
②	下請代金の支払遅延の禁止	物品等を受領した日から起算して60日以内に定められた支払期日までに下請代金を支払わないことを禁止する。
③	支払代金の減額の禁止	下請事業者の責に帰すべき事由がないのに，あらかじめ定めた下請代金を減額することを禁止する。
④	返品の禁止	下請事業者の責に帰すべき事由がないのに，受け取った物品等を返品することを禁止する。
⑤	買いたたきの禁止	類似品等の価格または市価に比べて著しく低い下請代金を不当に定めることを禁止する。
⑥	購入・利用強制の禁止	正当な理由がないのに，親事業者が指定する物・役務を強制的に購入・利用させることを禁止する。
⑦	報復措置の禁止	下請事業者が親事業者の不公正な行為を公正取引委員会または中小企業庁に知らせたことを理由としてその下請事業者に対して，取引数量の削減・取引停止等の不利益な取扱いをすることを禁止する。
⑧	有償支給原材料等の対価の早期決済の禁止	下請事業者の責に帰すべき事由がないのに，有償で支給した原材料の対価を，当該原材料等を用いた給付に係る下請代金の支払期日より早い時期に相殺したり支払わせたりすることを禁止する。
⑨	割引困難な手形の交付の禁止	一般の金融機関で割引を受けることが困難であると認められる手形（運用上，手形期間が90日（繊維業の場合120日）を超える手形はこれにあたるとされている）を交付することを禁止する。
⑩	不当な経済上の利益の提供要請の禁止	下請事業者から金銭，労務の提供等をさせることを禁止する。
⑪	不当な給付内容の変更・やり直しの禁止	下請事業者の責に帰すべき事由がないのに，費用を負担せずに注文内容を変更し，または受領後にやり直しをさせることを禁止する。

公正取引委員会は，親事業者が下請法上の禁止事項に違反した場合，当該親事業者に対して，違反行為の是正やその他必要な措置をとるべきことを勧告することができ，勧告された事業者は原則として，事業者名，違反事実の概要，勧告の概要等を公表されることになる。

また，親事業者の義務のうち，書面の交付義務違反ならびに書類の作成および保存義務違反については，代表者・行為者（担当者）個人が罰せられるほか，会社（法人）も罰せられることになるため，留意が必要である。

5　運送関係業法

運送を委託業務の内容とする業務委託契約に適用されうる規定は，商法のほか，鉄道事業法，鉄道営業法，道路交通法，道路運送法，貨物自動車運送事業法，貨物利用運送事業法，海上運送法，航空法など多数の特別法がある。

商法上の運送人とは，「陸上又は湖川・港湾に於て物品又は旅客の運送を為すを業とする者」を指すとされており，海上における運送や航空による運送はその対象とされていない。したがって，海上運送法や航空法などによって基本的に各運送は規律されている。また海上運送や航空運送は，複数の国をまたいで行われる場合も多く，国際民間航空条約など多数の条約も存在する。

上記の法律の仕組みについて，一律に述べることはできないが，それぞれの法律において，禁止行為や運送禁止の対象等が設けられているため，運送業務委託を行う際は関係法令がないか注意する必要がある。また，元来，陸上運送や海上運送は，それぞれ別々の法体系のもとに発展してきたものである。したがって，それぞれの運送体系を一貫して規定した法律が存在しないため，それらを掛け合わせた複合的な運送業務委託を行う場合には，それぞれの法律が適用されることになる点に注意をする必要がある。

6　建設業法

　建設業法は，土木建築に関する工事を委託業務の内容とする業務委託契約に適用されうる。同法は，建設業を営む者の資質の向上，建設工事の請負契約の適正化等を図ることによって，建設工事の適正な施工を確保し，発注者を保護するとともに，建設業の健全な発達を促進し，もって公共の福祉の増進に寄与することを目的とする法律である。

　その内容としては，請負契約の片務性改善，下請負人保護の徹底のため，書面による契約締結義務や一括下請禁止等のほか，特定建設業者につき，下請代金の支払期日等，下請負人に対する指導等を規定している。

　建設工事の請負契約に関しては，民法に請負契約の規定が定められているものの，かかる規定は任意規定が多く，実質的には当事者の自由に任されている場合が多い。しかしながら現実の建築工事の請負契約では注文者が圧倒的に有利であることが多く，このような事態から生じる片務性の改善や下請人保護のための規定が建設業法には規定されている。

　建築業法上，建築業を営もうとする者のうち，複数の都道府県にまたがって営業をしようとする者は国土交通大臣の許可を，特定の都道府県で営業をしようとする者は，都道府県知事の許可を，それぞれ受けなければならない。建設業とは，建設工事の完成を請け負う営業をいうところ，ここにいう建設工事とは，建物の建築などに限られず，土木工事をはじめ，電気工事や水道施設工事，塗装工事やガラス工事など29種類の工事類型に及ぶ。これらの建築工事の完成を目的として契約を締結する場合，業務委託などいかなる名目であっても，すべて請負契約とみなされる。したがって，たとえば塗装業務を委託し，当事者間で請負の性質を有さないことを合意したとしても，強制的に請負契約とみなされ，請負の規定が適用されてしまう点に注意をする必要がある。

　また，当事者間で紛争が生じた際，通常の民事訴訟の手続のほかに，建設工事の請負契約に関する紛争の解決を図るため，建設工事紛争審査会を設置し，

あっせんや調停，仲裁などの解決手続を用意している。これらの手続は，通常の民事訴訟手続と比べ，迅速かつ専門的な解決を図ることができるというメリットを有する。

7　倉庫業法

　倉庫業法は，物品の寄託を内容とする業務委託契約において適用されうる。同法は，倉庫業の適正な運営を確保し，倉庫の利用者の利益を保護するとともに，倉庫証券の円滑な流通を確保することを目的とする法律である。近年，運送や流通加工などの多様なサービスを組み合わせた物流サービスに対する物の保管業務も増えてきており，倉庫業法が適用されるのは，寄託契約を締結する場合のような典型的な場合に限られず，運送業務委託契約などにおいて物を保管する場合などにも適用されている。

　その内容としては，倉庫の施設設備基準をはじめ，保管料その他の料金，倉庫寄託約款，倉庫の種類その他の事項の掲示等を規定している。

　倉庫業法に違反していないか注意しなければならないのは，倉庫業を営むものに限られない。たとえば物流業務委託の場合，倉庫業者に業務を委託する委託者も，受託者が倉庫業法に違反していないか注意する必要がある。倉庫業を営もうとする者は，国土交通大臣による登録を受けなければならないとされており，登録を受けずに倉庫業を営んだ場合には，懲役および罰金が科される場合がある。そのような登録を受けていない倉庫業者に対して商品を預けていた場合，倉庫業者が捜査を受ける結果，倉庫業者に引き渡した商品等を証拠物件として差し押さえられるおそれがあるからである。商品が差し押さえられることにより，委託者は商品を取引先に納入できなくなるため，これにより取引先に損害が生じれば，取引先から損害賠償請求を受ける可能性がある。

　一方，倉庫業法上，登録が必要とされているのは，倉庫業を行う場合のみであり，例えば，貨物自動車運送事業において一時保管の用に供される保管庫等

は，運送契約に基づき貨物の一時保管を行っている限り寄託に該当せず，登録は不要であるとされている。

業務委託契約において，その委託に物の保管業務が含まれている際には，当該物の保管が倉庫業に該当するか，該当する場合には登録をきちんと受けているかどうか確認する必要がある。

8　労働関係法等

業務委託契約によって委託先の従業員が委託元の指揮命令下で当該業務に従事する場合には，「労働者派遣」に該当し，いわゆる「偽装請負」として法令による規制の対象となる。

労働者派遣契約に基づいて人材の提供を行う場合または人材の提供を受ける場合には，労働者派遣法の規定に従う必要がある。同法に基づく労働者派遣の場合には，派遣期間に制限があるほか（同法40条の2・40条の3），派遣契約の書面化（同法26条），派遣先における派遣先責任者の選任（同法41条），派遣先管理台帳の作成（同法42条）等が義務付けられる。さらに，派遣先は，派遣労働者との関係で，同法44条の範囲で，労働基準法などの適用を受ける使用者として扱われる。

また，労働者の供給事業は，職業安定法に規定する場合のほかは禁止されているところ（職業安定法44条），人材紹介業務，労働者募集業務を委託する場合または受託する場合には，職業安定法の規定に従って行う必要がある。

9　個人情報保護法

業務委託契約に基づいて特定の個人を識別することができる情報等を提供する場合または提供を受ける場合には，個人情報保護法の規定に従う必要がある。

とくに，役務提供委託の場合には，これに伴って，委託者から，受託者に対して（またはその逆の流れで）個人情報が提供されることが少なくない。例えば，委託者自身の保有する顧客情報の集計・分析や紙媒体で保有している個人情報のエクセルファイルへの入力作業などを委託するというような場合がこれに該当しよう。

個人情報保護法上，個人データ（内容物として含まれる個人情報を容易検索可能な形でデータベース化（ただし，紙媒体のものを含む）したものを構成する個人情報をいう。個人情報保護法2条4項・6項）の第三者提供にあたっては，原則として，当該個人データに係る本人の同意をあらかじめ取得する必要があるが，例外的に，個人データの取扱いの全部または一部を第三者に委託することに伴って当該個人データが提供される場合などには，本人の同意が不要となる（個人情報保護法23条1項・5項1号）。ただし，この場合にも，委託者は，受託者における個人データの安全管理が図られるよう，受託者に対する必要かつ適切な監督を行わなければならず（個人情報保護法22条），かかる義務の履行として，適切な委託先の選定，委託契約の締結，委託先における個人データ取扱状況の把握を行うことが求められている。詳細はCOLUMN「委託と個人情報保護法」(193頁) を参照されたい。

委託先における個人データ取扱状況を把握するにあたっては，まずこれを実効化するために必要な義務を受託者に対して課す条項を業務委託契約の内容として盛り込まなければならないが，具体的な文言案については，サンプル条項の「個人情報の取扱い」に関する解説で説明する。

10　知的財産法

業務委託契約に基づいて，発明，意匠，著作物や営業秘密等の知的財産が創出されることが見込まれる場合は，あらかじめその権利の帰属や利用に関して契約当事者間の権利義務関係を明確にしておくことが望ましい。ここでいう

「知的財産が創出されることが見込まれる場合」には，例えば，技術開発委託契約やシステム開発委託契約等のように，当初から知的財産の創出が予定されている場合のほか，製造委託契約等のように，知的財産の創出が当然に予定されている訳ではないが，委託業務の進行過程において何らかの知見（製造ノウハウ等）が得られる可能性がある場合等が含まれる。特に，知的財産権は原則としてそれを創出した者に帰属するため，委託者としては，自己に成果物の知的財産権を帰属させることを希望するのであれば，業務委託契約においてその旨規定しておくことが，非常に重要である。また，成果的に係る知的財産の利用についても，契約当事者のいずれがどの範囲で利用をすることができるのか，利用できるとして相手方当事者において（成果物を引き渡すことなどを超えて）何らかの積極的な関与（相手方への通知や関連資料の作成・提出等）が求められるのかなどをめぐって係争となることも少なくないため，契約書において当事者間の権利義務関係を明確にしておくことが望ましい。

　以上とは異なり，第三者が保有する知的財産権との関係について，契約書において当事者間の権利義務関係を定めておくことも考えられる。例えば，受託者において，成果物が第三者の知的財産権を侵害しない旨保証する条項を規定することや，第三者から権利行使を受けた場合の補償内容および条件を規定しておくこともある。もっとも，常にそのような条項を設けるわけではなく，業務委託の内容や性質，当事者間の関係等も考慮して，事案に則した条件を設定することが望ましい。

11　印紙税法

　契約書を作成する際，一定の契約書には原本の通数に応じて印紙税の納税が義務付けられている。そしてどのような場合にいくら印紙税を納めればよいのかについて規定しているのが印紙税法である。

　印紙税法上は，20種類の文書が課税対象となる文書として規定されている。

【図表2-5】 2号文書の印紙税額

文書の種類	印紙税額（1通又は1冊につき）	主な非課税文書
2号	請負に関する契約書 （例）工事請負契約書，工事注文請書，物品加工注文請書，広告契約書，映画俳優専属契約書，請負金額変更契約書など ※請負には，職業野球の選手，映画（演劇）の俳優（監督・演出家・プロデューサー），プロボクサー，プロレスラー，音楽家，舞踏家，テレビジョン放送の演技者（演出家，プロデューサー）が，その者としての役務の提供を約することを内容とする契約を含む。	記載された契約金額が 1万円未満　　　　　　　　　　非課税 1万円以上100万円以下　　　　　200円 100万円を超え200万円以下　　　400円 200万円を超え300万円以下　　　1千円 300万円を超え500万円以下　　　2千円 500万円を超え1千万円以下　　　1万円 1千万円を超え5千万円以下　　　2万円 5千万円を超え1億円以下　　　　6万円 1億円を超え5億円以下　　　　　10万円 5億円を超え10億円以下　　　　　20万円 10億円を超え50億円以下　　　　40万円 50億円を超えるもの　　　　　　60万円 契約金額の記載のないもの[9]　　200円 ※平成9年4月1日から平成30年3月31日までの間に作成される建設工事の請負に関する契約書のうち，契約書に記載された契約金額が一定額を超えるものについては，税率の軽減がある。	記載された契約金額が1万円未満のもの

---

[9] 契約書等に「無償」または「0円」と記載されている場合は，その契約書等には契約金額の記載がないものとされる（印紙税法基本通達35条）。

| 7号 | 継続的取引の基本となる契約書
※契約期間が3か月以内で、かつ、更新の定めのないものは除く。
（例）売買取引基本契約書、特約店契約書、代理店契約書、業務委託契約書、銀行取引約定書など。 | 4千円 | |

業務委託契約の場合、主たる適用類型として、「請負に関する契約書」（2号文書）、「継続的取引の基本となる契約書」（7号文書）、「運送に関する契約書」（1号の4文書）などが挙げられる。もっとも、これらの適用類型については、必ずしも1つの契約書につき1つの適用類型しか当てはまらないというわけではなく、契約書によっては、2つの類型に該当するような事項が併記されているような場合もある。印紙税法にはこのように複数の類型に該当したような場合の処理方法についても規定されている。

なお、2号文書および7号文書の印紙税額は【図表2-5】のとおりである。

また、印紙税法上の課税文書に該当するか否かについては、その表題によって定められているわけではなく、その内容の実質を見て決定されるものである。1で述べたとおり、業務委託契約の場合、請負契約に該当するかまたは委任契約に該当するかで印紙税額が異なってくる点に注意が必要である。請負契約と委任契約のいずれに該当するかの判断基準については前述のとおりである。

印紙税は、たとえその納税に違反があった場合であっても、契約書の効力が無効になったりするわけではなく、契約そのものに影響はない。しかしながら、後になって印紙税を納税していないことが発覚した場合は、過怠税を含め当初の約3倍もの金額を支払わなければならないため、注意する必要がある。

製造委託基本契約の解説

　製造委託基本契約については，完成品メーカーが，その部品の製造を委託する契約を想定して解説する。巻末のサンプル契約書は，完成品のメーカーが部品メーカーに対して，継続的に物品の製造を委託するための基本契約であり，第1章2の分類によれば請負型と解釈される類型である。

　通常は，委託者である完成品メーカーの立場が強いため，委託者から委託者にとって有利な契約条件のドラフトが提示されるため，受託者である部品メーカーは，自社の製品や製造能力の優位性，下請法の適用等を理由にして，少しでも受託者に有利になるように交渉をすることになる。委託者としては，完成品の顧客との売買契約における保証・損害賠償責任や解除等の条項と，業務委託契約におけるそれらの条項との間で齟齬や矛盾が生じないように注意すべき（例えば，完成品の顧客に対する保証期間を1年とする場合には，受託者に対して保証請求できる期間もこれに合わせて1年とするなど）である。以下において，サンプル契約の各条項について順に解説する。

第3章　製造委託基本契約の解説

1　前　　文

> 　［　（委託者）　］（以下「委託者」という。）と［　（受託者）　］（以下「受託者」という。）は，以下のとおり，製造委託基本契約（以下「本契約」という。）を締結する。

(1)　前文の機能

　契約書において，第1条以下の個別具体的な権利義務関係の規定の前に，「前文」が置かれる。この前文の基本的な機能は，契約の当事者ならびに，契約の対象となる取引の内容および範囲を概括的に特定することにある。

　前文のこのような機能を踏まえると，この前文の内容について委託者および受託者間で細かく文言について議論することは，通常は想定しがたい（そもそも前文において細かな表現について委託者および受託者間で協議する必要があるとすれば，それは契約当事者が当該契約において実施しようとする業務委託の内容自体が十分に定まっていないことに原因がある場合が多く，そうであれば契約書上の文言以前の問題であろう）。

(2)　契約の当事者

　契約の当事者は，法律的な意味における委託取引の当事者であり，すなわち契約上の地位（権利・義務）が帰属する主体を指す。企業間での取引においては，通常，部署や役員ではなく，企業自体が契約の当事者となるため，部署等の表示は削除しておく必要がある。仮に，契約の全社的な適用を望まず，あくまで部署限りで委託取引関係を発生させることを望む場合には，前文において当事者の表示に部署名を記載するだけではなく，後述1条2項において具体的に部署を特定するなどして，適用範囲を明確に限定することを検討すべきである。

　また，代理人が契約を締結する場合には，契約書末尾の署名欄において「代理人」との肩書を付するだけではなく，前文においても以下のように明確に代

理人であることを記載するべきである(以下の文例は,委託者は代理人が,受託者は本人が契約を締結する例)。

> [　(委託者)　](以下「委託者」という。)の代理人である [　(代理人)　](以下「丙」という。)と [　(受託者)　](以下「受託者」という。)は,委託者及び受託者間の業務委託取引に関し,以下のとおり,業務委託基本契約(以下「本契約」という。)を締結する。

　また,業務委託に限ったことではないが,当事者の信用力や与信の範囲については慎重に検討すべきである。委託者としては,受託者の技術力,製造能力,財務状態等を確認し,契約当事者としてふさわしいか,どこまで契約で細かく規定する必要があるかを判断すべきである。受託者としても,委託者の技術指導や支給品が期待できるか,委託料の支払能力に不安はないかなどについて確認し,必要な条項を規定するよう求めるべきである。

(3)　業務委託の範囲

　前述のとおり,通常前文の内容について委託者および受託者間で協議することは稀ではあるが,仮に同じ当事者間で複数の取引がある場合など,取引の範囲を一見してわかるように限定する必要がある場合には,契約書本文の個別の取引条件において詳細に業務委託の内容を具体的に定めることにより限定するにしても,まずは前文または目的条項(本書におけるサンプル契約書では,第1条に目的条項を置いていることから前文においては業務委託の範囲について前文での制限は設けていない)において業務委託の範囲に限定を付しておくことが望ましい。前文において業務委託の範囲について限定をするのであれば,例えば以下のような文例が想定される。

> [　(委託者)　](以下「委託者」という。)と [　(受託者)　](以下「受託者」という。)は,委託者及び受託者間の〇〇業務委託取引に関し,以下のとおり,業務委託基本契約(以下「本契約」という。)を締結する。

(4) 民法改正による条項改定の要否

民法改正により特段改定すべき点は存在しない。

2 目　的

> 第1条（目的）
> 1．本契約は，委託者が受託者に対して委託する別紙1〔省略〕記載の製品（以下「本製品」という。）の製造業務（以下「本業務」という。）に関し，その基本的な条件を定めることを目的とする。
> 2．本契約は，本業務に関して委託者受託者間で締結される全ての個別契約（以下「個別契約」という。）に適用される。なお，個別契約において本契約と異なる定めをした場合は，個別契約が本契約に優先して適用されるものとする。
> 3．受託者は，法令（法律，規則及び条例を含む。以下同じ。），本契約及び個別契約を遵守し，善良な管理者の注意をもって本業務を遂行するものとする。

(1) 目的条項の機能

目的条項の機能は，取引の内容を概括的に特定し，かつ，当該業務委託（契約）によって委託者および受託者が求める姿を明示することにある。目的条項自体が具体的な契約条件について法的拘束力を有することは稀であるが，契約の各条項の解釈をめぐって紛争が生じた場合には，当該条項を解釈するための指針として，目的条項の内容が参酌されることもある。また，目的条項は，当該契約書の位置づけを明示するという機能も有する。具体的には，当該業務委託契約書が，個別の業務委託の受発注を行うための（単独で法的効果を発生させるための）契約書であるか，それとも個別の受発注は別途行うことを前提として，継続的または複数の取引に関して共通して適用される基本的な条件を定める契約書であるのかを明示するという意味合いも有する。

さらに，委託者から求められる追加業務が，もともとの委託業務の範囲内か，その枠外の業務なのかを区別し，その追加業務が当初の対価の範囲内かを判断

する基準にもなる。

(2) 適用範囲

　製造委託契約においては「別紙1〔省略〕記載の製品」において，委託者が受託者に対して委託する業務の範囲が概括的に一応は定められている。具体的に委託する内容については最終的には個別契約において明確化されるが，基本契約が適用される範囲について適切に規定する必要がある。例えば，同じ当事者間で複数の基本契約が締結されている場合に，ある業務に関して成立した個別契約にいずれの基本契約が締結されるかが不明確となるといった事態や，担当部署が想定している取引範囲を超えて基本契約が適用されてしまうといった事態は，可能な限り防止する必要がある。

　そのため，基本契約が適用される範囲については，そのような適用関係の不明確性が生じないように，可能な限り具体的に定めておくことが望ましい。

　また，個別契約の発生根拠となる注文書および注文請書において，（両当事者間で複数の基本契約が締結されている場合に）当該個別契約がいずれの基本契約に基づくものであるかを記載することにより，基本契約と個別契約との紐づけを明確化しておくということも有益であろう。

(3) 基本契約と個別契約

　上記のとおり，目的条項の機能は，当該契約書の性格や法的位置づけを決定付けるにあたって重要性を有するものである。すなわち，単発の業務委託であれば当該契約書に記載される内容（変更覚書などによって変更されていない限り）が当該業務委託契約により発生する権利義務の全てとなる（当該契約書に記載されていない事項に関しては，民法，商法その他の法令に従うことになる）。他方，継続的業務委託における基本契約の場合，当該契約書はあくまで，継続的業務委託の全ての個別の契約（受発注）に適用される基本的なルールのみが定められており，当該基本契約書のみでは具体的な業務委託の内容が定まらず，個別の発注に係る個別契約において業務委託における諸条件が定められる。

さらに、基本契約において取引全体に通じる条件を規定していたとしても、個別の業務委託を遂行するに当たって例外的な条件を定める必要がある場合がある。そのような場合に、基本契約と個別契約のどちらが優先されるかという点についても明らかにする必要があるため、上記条項例の2項のなお書き以下のような定めが置かれる。個別契約が後から締結され、当該個別業務の事情を反映させることがあるため、実務上は、個別契約を優先させる規定が置かれていることが多い。しかし、営業の現場で交わされる注文書・請書に基本契約と異なる自社に不利な内容の規定が含まれている場合、その不利な規定が優先してしまうことには注意すべきである。あるいは現場の力関係が弱かったり、担当者が不注意であったりして、法務部の知らないところで基本契約と異なる不利な個別契約が成立してしまうこともありうる。それらのことが想定される場合には、契約上はあえて基本契約の規定を優先させておき、個別事情を優先する必要があれば、その都度基本契約の例外となる旨を明記した個別契約を締結するような慎重な取り扱いが必要となろう。

(4) 善管注意義務

業務委託契約は、前述のとおり、民法上の典型契約としては委任（準委任、民法643条・656条）または請負（民法632条）の性格を有する。契約の性格が委任の場合には、受任者（業務委託の受託者）は民法上善管注意義務を負うため（民法644条）、別途業務委託契約書において善管注意義務をあえて規定する必要性は乏しい。しかし、契約の性質が請負の場合には、請負人（業務委託の受託者）は、仕事を完成させるという義務を負うだけで（民法632条）、善管注意義務は民法上当然には負っていない。確かに、契約の性質が請負であることが明確である場合には、仕事が完成しなければ報酬の支払義務も発生せず（民法633条）、更に完成した仕事に瑕疵がある場合には、当該瑕疵があることをもって契約の解除（民法635条）や損害賠償を請求することもできる。そのため、善管注意義務を定めている場合と同様の効果が期待できるとの見方もできよう。しかし、業務委託契約の特に役務提供型の業務の場合には、契約の性質

が委任か請負かを明確に区別することは難しく,仕事の完成もどのように観念するかも難しい。そこで仮に請負的な性格が強い契約であると解釈される場合であっても,善管注意義務に基づく責任を追及することができるようにすることが望ましい。したがって,委託者としては,善管注意義務に関する規定も盛り込むことが望ましい(付言すれば,受託者としては,善管注意義務に関する規定については,委任的な性格を有する契約であれば当然生ずる義務であり,また請負的な性格を有する契約である場合であっても業務の遂行に最大限の労力を尽くすことはある意味当然のことであり,あえて売主側から善管注意義務に関する規定を盛り込むことを提案された場合にはこれを拒絶することは極めて困難といえよう。その意味では,善管注意義務に関する規定はある種,契約書における様式美のようなものであり,両契約当事者が互いに本契約上の権利義務について誠実に取り組むことを相互に確認し,宣誓するようなものである)。

(5) 民法改正による条項改定の要否

民法改正により目的条項に係る影響は直ちには存在しないと考えられる。もっとも,後述するとおり,民法改正により,善管注意義務,損害賠償請求,解除,担保責任[1]等の各条項においては,契約内容に鑑みて,その成否が判断されることが明文化された。そのため,改正民法下においては,より一層,契約内容に鑑みた判断が重視される可能性がある[2]。そのため,上記目的規定をより充実させた内容とすることも検討に値する。例えば,単なる目的を記載するに留まらず,契約に至った背景等を規定することも考えられる[3]。

---

[1] 改正民法では,「瑕疵」との文言が用いられず,「契約内容に適合」するか否かにより担保責任の有無が判断される。かかる改正内容に係る詳細は後述する。
[2] この点,一問一答においては,現行の民法や現行実務においても,上記各規定については,契約の趣旨に照らした判断がなされており,実質的な変更ではない旨の指摘もなされている(一問一答66頁(善管注意義務),69頁(損害賠償請求),236頁(解除),275頁(担保責任。なお,請負ではなく売買に係る担保責任の箇所ではある))。
[3] 遠藤元一編著『債権法改正 契約条項見直しの着眼点』(中央経済社,2018年)(以下「遠藤」という)10頁~13頁(各当事者の役割や,目的物の代替可能性,転売の有無について予め定めておくことが提案されている),148~154頁においても同趣旨の記載がある。

3　個別契約

第2条　（個別契約）
1．委託者及び受託者は，個別契約において，以下の各号に定める事項を規定するものとする。
　(1)　本業務の内容
　(2)　本業務の遂行期間
　(3)　製造代金の額，支払期日及び支払方法
　(4)　本契約に基づいて製造すべき本製品に関する以下の事項
　　(a)　本製品の内容，数量及び仕様
　　(b)　本製品の荷姿，納入期日及び納入場所
　　(c)　本製品の検品完了期日
　(5)　本業務に関して委託者が受託者に対して貸与する場所，設備，金型又は資料その他の物品（以下「本貸与品」という。）がある場合には，以下の事項
　　(a)　本貸与品の名称，内容及び数量
　　(b)　本貸与品の引渡期日
　　(c)　本貸与品に係る対価の額，支払期日及び支払方法
　(6)　本業務に関して委託者が受託者に対して支給する原材料，半製品その他の物品（以下「本支給品」という。）がある場合には，以下の事項
　　(a)　本支給品の品名，内容及び数量
　　(b)　本支給品の引渡期日
　　(c)　本支給品に係る対価の額，支払期日及び支払方法
　(7)　その他本業務の遂行に必要な事項
2．個別契約は，委託者が前項に定める事項を記載した注文書を受託者に交付し，これに対して受託者が注文請書を委託者に交付したときに限り成立するものとする。

(1)　個別契約における決定事項

　前述のとおり，継続的業務委託契約の場合，基本契約において継続的業務委託の全てに共通する規定を定め，個別契約において個々の受発注に関する種々の条件を定めることが一般的である。個別契約において各種の条件を別途定める以上，本来的には基本契約において個別の契約において定めるべき内容を記

載する必要はないものの，基本契約において定めるべきことと個別契約において定めるべきことを明確に区別するため（ひいては個別契約において定めるべき条件についてその備忘のため，また基本契約書を見た際にどの契約条件が基本契約書と個別契約書のいずれに記載されているかがわかるようにするため）に基本契約においても個別契約において何を定めるかを規定しておくことが望ましい。また，以下(2)にも記載する下請法の観点からは，下請法上のいわゆる3条書面に係る規制においては一定の必要的記載事項が記載された書面を親事業者は下請事業者に交付しなければならないとされているところ，当該書面は取引条件のうち基本的事項（例えば支払方法，検査方法等）が一定になっている場合には，あらかじめ一括して記載した書類を用いることで個別の発注の際に都度通知をすることを省くこと（ただし，その場合には，新たな通知がなされるまで，通知した内容が通知として有効である旨を明記する必要がある）ができるとされているが，その他の個別取引における固有の条件（金額，納品時期等）を記した書面との関連付けが明らかにされる必要があるとされている。通常，個別契約書に，「下請代金の支払い方法等については，現行の取引基本契約書によるものとする」などと記載されることが多いが，取引基本契約書においてもこの関連付けを明確にするために，個別契約書において記載される項目を明記しておくことが望ましい。

　そして，実際に個別契約（とくに注文書）を起案する際にも，これら基本契約において，個別契約で定めることとした項目の書き漏れが生じることがないように注意するほか，網羅的に記載することはできていたとしても，例えば「製品の内容：〇〇」などと記載されている場合には，これが基本契約で定めるところの「本製品の内容」を示すものにすぎないのか，「本製品の」「仕様」を示すものであるのか，それともその両者を併せて示しているものであるか（本製品の内容のみならず，仕様にも該当するという場合には，後述11条との関係で，本製品の納入の検査基準として用いられることとなる）が不明確となることによる，法的トラブルを未然に防止することができるように，基本契約で用いられている用語と同じものを用いて記載したり，基本契約において該当

第3章　製造委託基本契約の解説

する条項数を引用したりするといった方法で，個別契約でなされる記載と基本契約の条項との関連性を明確化することも望ましい。

注文書と注文請書による個別契約のサンプルは次のとおりである。

さらに，このような個別契約への委任規定を置くこととするからといって，基本契約上で定めることができる事項（合意に至ることができる事項）の合意を，「どうせ後々，個別契約で合意すればよいから……」などとして単に先延

201x年x月x日

注　文　書

株式会社＿＿＿　御中

［会社所在地］

株式会社＿＿＿＿

ｘｘｘｘｘ　㊞

以下の通り、発注いたします。

本件業務の内容・範囲	
実施スケジュール	
成果物	
納期	
納入形態・方法	
業務委託料	
特約事項	本契約第○条第○項を以下の通り読み替える。 （略）

尚、承諾の場合は注文請書のご提出をお願い致します。

3　個別契約

```
                                          201x年x月x日

               注　文　請　書

    株式会社_____　御中

                                          ［会社所在地］
                                          株式会社_____

                                          ×××××　㊞

    以下の通り、受注いたします。
```

本件業務の内容・範囲	
実施スケジュール	
成果物	
納期	
納入形態・方法	
業務委託料	
特約事項	本契約第○条第○項を以下の通り読み替える。 （略）

ばしにするといった対応は望ましくない。

　とくに，製造委託の場合には，「本製品」が具体的にその数量や品質のレベルを合わせてどのような製品なのかを，基本契約および個別契約を通じて客観的かつ具体的に特定する必要性が極めて高く，最も優先度の高い規定の1つといっても過言ではない。

第3章　製造委託基本契約の解説

　例えば「本製品の内容，数量及び仕様」とあるが，「本製品の内容」とは具体的にどのようなものを指すものであるのか，「本製品の仕様」とは，具体的にどのような形式で，また精度で定められることになるのか，また，いずれの当事者がこの原案を提出することになるか。基本契約の締結時には，本製品の特定にいたるまでは具体化することが難しい場合もあろうし，そうであるからこそあえて個別契約で定めることとしているのであろうが，「内容」とされているものが，その製品名のことであるのか，それとも製品の有する機能のことであるのか，別のものであるのであれば何を指すのかという程度にまでは明らかにされていることが望ましいであろうし，「仕様」は図で示されるものであるのか，それとも文章で示されるものであるのかが，わかりやすいようにサンプルを示すというのも有益であろう。

　個別契約において「本製品」が必要かつ十分に特定されていなければ，個別契約を締結する段となってはじめて両当事者の認識の相違が顕在化することとなり，個別契約の成立が思うように進まず難航してしまったり，個別契約の締結ができたとしても，個別契約に定める仕様に適合しないこと等を理由とする瑕疵担保責任の有無や検収での合否の判断の軸がぶれてしまい，委託者が的確に受託者の責任を追及することができなかったり，受託者が自らに帰責性がないことを適切に反論することができなかったりといった様々な問題が生じる原因となってしまう。

　契約の交渉担当者や法務部の担当者としては，基本契約のひな型でサンプル条項にあるような記載がされている場合であっても，上記のような観点から，将来発生する可能性のある紛争を予見して，基本契約の段階で規定することができる事項については，可能な限り（基本契約で書き尽くせない事項については，個別契約でどのような定めをすればよいかという点も含めて）具体的に規定するように努めるということが求められよう。

(2)　個別契約における決定事項と下請法

　個別の受発注に関する諸条件について個別契約において定めるとして，具体

的には何を定めておくべきかということが問題となる。ここで，下請法のいわゆる3条書面の記載事項がその参考となる。下請法は親事業者が下請業者に対して発注を行う際に原則として一定の必要的記載事項を記載している書面を交付しなければならないとしている。下請法がこのような規制を設けた趣旨は，下請業者に対して一定の業務を委託する際に，発注内容・支払条件などが不明確である場合に，親事業者および下請業者間でトラブルが生じやすく，その結果，(立場的に弱い)下請業者が不利益をこうむることが多いため，下請取引（基本的に業務委託とパラレルに考えることができる）において特に重要な条件について，これを親事業者が書面に記載して下請業者に交付することで，このようなトラブルを回避することにある。

　このように業務委託と基本的にパラレルに考えることのできる下請取引において，その内容が不明確であることにより，委託者（親事業者）と受託者（下請業者）間でトラブルか生じやすい事項が，まさしく3条書面の必要的記載事項として定められているであることから，これを下請取引に該当しない業務委託契約においても記載することが望ましい。さらに付言すれば，このような契約書のひな型を作成しておくことで，知らず知らずのうちに取引相手によっては下請取引に該当してしまうような場合（役務提供に係る委託では，親事業者の資本金が5千万円超で委託先事業者の資本金が5千万円以下（個人も含む）または親事業者の資本金が1千万円超5千万円以下で委託先事業者の資本金が1千万円以下（個人も含む）の場合に下請取引に該当することになる）でも，下請法違反となるリスクを避けることができる。

　下請法の3条書面で必要的記載事項とされているのは以下の12点である。

① 親事業者及び下請事業者の名称（番号，記号等による記載も可）
② 製造委託，修理委託，情報成果物作成委託又は役務提供委託をした日
③ 下請事業者の給付の内容
④ 下請事業者の給付を受領する期日（役務提供委託の場合は，役務が提供される期日又は期間）

⑤　下請事業者の給付を受領する場所
⑥　下請事業者の給付の内容について検査をする場合は、検査を完了する期日
⑦　下請代金の額
⑧　下請代金の支払期日
⑨　手形を交付する場合は、手形の金額（支払比率でも可）及び手形の満期
⑩　一括決済方式で支払う場合は、金融機関名、貸付け又は支払可能額、親事業者が下請代金債権相当額又は下請代金債務相当額を金融機関へ支払う期日
⑪　電子記録債権で支払う場合は、電子記録債権の額及び電子記録債権の満期日
⑫　原材料等を有償支給する場合は、品名、数量、対価、引渡しの期日、決済期日及び決済方法

　このうち個々の取引によって取引の条件が異なるため個別契約において定めることが望ましいものを選択したものが、サンプル条項例の第1項各号の事項である。
　③「下請事業者の給付の内容」とは、委託者が受託者に委託する行為が遂行された結果、受託者から提供されるべき物品または情報成果物であり、3条書面には、その品目、品種、数量、規格、仕様等または役務提供委託においては役務の内容を明確に記載する必要がある。また、主に、情報成果物作成委託に係る作成過程を通じて、情報成果物に関し、受託者の知的財産権が発生する場合において、委託者は、情報成果物を提供させるとともに、作成の目的たる使用の範囲を超えて知的財産権を自らに譲渡・許諾させることを「下請事業者の給付の内容」とすることがある。この場合は、委託者は、3条書面に記載する「下請事業者の給付の内容」の一部として、受託者が作成した情報成果物に係る知的財産権の譲渡・許諾の範囲を明確に記載する必要がある点にも注意が必要となる。
　⑦「下請代金の額」については、受託者の給付に対し支払うべき代金の額をいうものであり、3条書面には具体的な金額を明確に記載することが原則である。ただし、「具体的な金額を記載することが困難なやむを得ない事情がある

場合」には「具体的な金額を定めることとなる算定方法」を記載することも認められているが，この算定方法は，下請代金の額の算定の根拠となる事項が確定すれば，具体的な金額が自動的に確定することとなるものでなければならず，かつ，下請代金の具体的な金額が確定した後，速やかに受託者に通知する必要があるとされている。

(3) 個別契約の成立時期

個々の業務委託に係る個別契約は，委託者による申込みに受託者が応ずることで，口頭においても成立しうる。しかし，口頭での契約成立を認めた場合には，当該契約の内容がそもそも形に残らないため，両当事者は各々自己のあいまいな記憶に基づいて自己に都合の良いように解釈する結果，後日トラブルが生じやすい。そのため，個別契約についてもやはり注文書を委託者が受託者に対して交付し，受託者もまた当該注文書を受け，注文請書を発注者に対して交付することをもって契約の成立とするべきである（上述の下請法が3条書面の交付を親事業者に義務付けていることも同じ趣旨である）。

現行民法において契約の申込みとその承諾についての規定が設けられている。すなわち，申込者（委託者）が承諾の期間を定めて契約の申込みをした場合に，当該期間内に申込者（委託者）が被申込者（受託者）より申込み受諾の意思表示を受けなかった場合には，当該申込についてはその効力が失われるとするものである（民法521条2項）。通常，継続的売買契約の場合には，注文を受ける者の義務の内容が極めて定型的であるため，個別契約の成立に関して（売買の）基本契約で規定する場合，取引の迅速化の観点から上記の民法の基本原則を修正する特約を設けることがある（例えば，「発注から10日以内に注文内容に異議がある場合には，申し出るものとし，申出のない場合には発注どおりに承諾したものとみなす。」等の規定が設けられることが多い）。商法ではさらに進んで，商人が平常取引をなす者から自己の営業の部類に属する注文を受けた場合，遅滞なく諾否の通知を発すべき義務を課しており，当該注文を受けた者が注文の諾否の通知を発することを怠ったときは，当該契約の申し込みを承諾

したものとみなされる（商法509条）。個別契約の成立時期については実務上も重要な点であるため，「受託者が注文請書を委託者に交付（電子メールに添付して送信することを含む。）」とするなど，委託者または受託者の側の実務の運用に即しつつ，後になって契約の成立時期に関して紛争が生じないような形で規定しておくことも有用である。

(4) 民法改正による条項改定の要否[4]

　現行民法においては，承諾の期間を定めた契約の申込みは撤回できず（民法521条1項），承諾の期間を定めていない場合であっても申込者が承諾の通知を受けるのに相当な期間を経過するまでは撤回できないとされていた（民法524条）。しかし，予め反対の意思が表示されているのであれば，撤回があっても相手方に不当な損害を及ぼすことはなく，撤回を認めてよいと考えられることから[5]，改正民法においては，申込者が撤回をする権利を留保したときは，申込者はその申込みを撤回することができる旨明文化された（改正民法523条1項ただし書・525条1項ただし書）[6]。

　そのため，特に委託者側としては，業務委託の個別契約に係る条項または注文書において，「委託者は，受託者より注文請書の交付を受けるまでの間にお

---

[4] 現行民法においては，隔地者に対する意思表示は，その意思表示が相手方に到達した時に効力が生じるとされ（到達主義の原則，民法97条1項），その例外として，隔地者に対する契約の承諾の意思表示については，取引の迅速性に鑑み，承諾の通知を発した時に契約が成立するとされていた（発信主義の例外，民法526条1項）。しかし，現代においては通信手段が発達し，隔地者間であっても電子メール等によって取引の迅速性を確保でき，必ずしも承諾の意思表示につき発信主義を採用する実益はもはや存在しないこと等の理由に鑑み（一問一答221頁），改正民法においては，承諾の意思表示についても到達主義を採用することにした（現行民法526条1項に相当する規定の削除，改正民法97条1項）。もっとも，契約実務においては，前述のとおり，契約の成立時期を明確にするため，到達主義を採用するのが一般的であり（前述の個別契約に係る条項が，「受託者が注文請書を委託者に交付したときに限り成立」としているのもこの趣旨である）民法改正により特段改定すべき点は存在しないと思われる。
　なお，その他契約の成立に係る改正民法における変更点は，一問一答214～224頁参照。

[5] 法制審議会民法（債権関係）部会 部会資料（以下「部会資料」という）67A・45頁，47頁。

[6] 一問一答214頁。

いては，発注に係る申込みを撤回することができる。」等の撤回に係る条項を規定することが考えられる[7]。

---

[7] なお，遠藤においては，民法改正による契約の成立に係る条項の修正は提案されていない。もっとも，同書は，業務委託における主たる条項を取り上げて解説するものであり（遠藤147頁参照），民法改正による契約の成立に係る条項への影響は存在しないという趣旨ではないと思われる。

第3章 製造委託基本契約の解説

COLUMN OEM契約

OEMとは

OEM契約とは，"Original Equipment Manufacturing"の略称であり，一般に，委託者の商標で販売される製品を受託製造することをいう。ビジネス上使われているOEM契約には，①OEM製造業者によるOEM製品の販売権の有無，②製品の開発主体（OEM委託者，OEM製造業者，両者）等の点で様々なバリエーションがある。

OEMの目的

OEM取引を行う目的は，以下のとおり複数考えられる。

OEM取引を行う目的

OEM委託者の目的	
①	製造能力が欠如または不十分である場合であっても，OEM製造業者の製造能力を利用して，自社ブランド製品の市場への投入を実現し，または維持することができる。
②	低コストで製造することのできるOEM製造業者に製品の製造を委託することによって，自ら製造をする場合よりも製品の調達コストを削減することができる。
③	製造設備の維持費用等の製造コストに係るリスクをOEM製造業者に転嫁することで，販売による利益を安定させることができる。
④	OEM製造業者が，製品の実際の製造業者であることを市場に示す場合には，OEM委託者のブランドに不足している顧客訴求力を補うことができる。
OEM製造業者の目的	
①	販売能力が欠如または不十分である場合であっても，OEM委託者の販売能力を利用して，製品の売上げを増大することができる。
②	OEM委託者に市場での販売に要するコストを負担してもらうことにより，自らが市場で販売をする場合よりも販売コストを下げることができる。
③	製品の大量製造により，製造設備の稼働率を上げるなどして，製造コストを削減することができる。
④	製品の製造に関する技術や経験をさらに蓄積し，強化することができる。

OEM契約の法的性質

前述したとおり，OEMは，一般に「委託者の商標で販売される製品を受託製造す

ること」を意味するから，OEM契約の基本的な法的性質は，いわゆる製作物供給契約（請負供給契約）であり，これに他の様々な特徴が，ケース・バイ・ケースで加わった複合的な契約であると整理できる。具体的には以下の各契約が複合してOEM契約を構成することが多いと思われる。

OEMに関する条項例

契約名	概　　要	留　意　点
製作物供給	委託者の商標で販売される製品を受託製造する。	製作物供給契約の法的性質は，売買契約および請負契約の混合契約であると考えられているため，売買に関する規定と請負に関する規定の両方の規定の適用が問題になる条項（所有権の帰属時期，危険の移転時期，瑕疵担保責任等）については，その取扱いを明確に規定する必要がある。
商標に関するライセンス	OEM製造業者がOEM委託者の商標を製品に付してOEM委託者に販売する場合には，その商標を付す行為や商標を付した製品を販売する行為は商標法上の「使用」（商標法2条3項）に該当するため，商標のライセンスをOEM委託者から受けることになる。	OEM契約において製品の製造や売買に関する詳細な規定が設けられることが多いものの，商標の取扱い（OEM契約が終了した後にOEM委託者に引き渡す前の完成品がOEM製造業者に残った場合の処理等）に関する規定が十分でないことも多いため，留意が必要である。

特許・ノウハウに関するライセンス	① OEM製造業者がOEM委託者の開発した製品を製造する場合には，OEM委託者の特許やノウハウ等を用いることになる。 ② OEM製造業者が，自社で開発した製品を製造する場合であっても，OEM委託者がアフターサービス等のためにOEM製造業者の特許やノウハウ等を用いることがある。	第三者との間で知的財産権等の侵害問題が発生した場合には，OEM製造業者およびOEM委託者の双方がかかる侵害問題の当事者となる可能性が高いため，第三者に対する裁判上または裁判外での対応をどちらの当事者が負担するか，他方当事者がどのように協力するかといった点について詳細な規定を設けたほうが望ましい。
開発委託・共同開発	OEM契約に製品の開発の目的も含まれる場合には，OEM契約は，開発委託・共同開発の側面も有することになる。	① 開発の過程で得られた権利性のある発明技術やノウハウをいずれの当事者に帰属させるかを明記すべきである。 ② ①の発明技術やノウハウを，当該OEM契約以外の目的で使用することの可否や制限についても，明確な規定を設けることが望ましい。詳細については，第3章の共同開発の項目を参照願いたい。

　OEM契約においては，民法，商法，独占禁止法，下請法，製造物責任法，商標法，特許法，不正競争防止法等の複数の法令との関係が問題となり，実務上検討すべき論点も多い。

4　製造代金

第3条　（製造代金）
1．委託者は，受託者に対し，製造代金として，個別契約に定める支払期日及び支払方法に従い，個別契約に定める製造代金を支払う。なお，個別契約に別段の規定がない限り，製造代金には消費税及び地方消費税は含まれないものとし，委託者は，製造代金に消費税及び地方消費税相当額を付加して支払うものとする。
2．前項の製造代金の支払が金融機関の口座に対して振り込む方法により行われる場合には，個別契約に別段の規定がない限り，以下に定めるところに従うものとする。
 (1)　個別契約に定める支払期日が金融機関の休業日に該当するときは，当該金融機関における前営業日をもって支払期日とする。
 (2)　振込手数料は，委託者の負担とする。
3．委託者は，受託者に対する第1項の製造代金の支払を遅延した場合には，遅延日数に対し年14.6％の割合による遅延損害金を受託者に支払う。
4．受託者は，個別契約に別段の規定がない限り，本業務の遂行に要する費用（設備調達費用，交通費，通信費等を含む。）を負担する。

(1)　製造代金の決め方

　サンプル条項では，本業務の対価の支払期日，支払方法および金額について，個別契約において別途定めることとしている。もちろん，このような定め方でも問題はないが，例えば，前述のとおり本契約に基づく個別の業務の受発注が定期継続的に行われることがすでに予定されているような場合も多いと考えられる。

　そういったケースにおいては，例えば，支払期日については「毎月末締とし，受託者が翌月末日までに交付する請求書に基づき，翌月末までに支払うものとする。」などと本契約で定型的な規定を置いた上で，例外を許容するために「個別契約に別段の規定がない限り」としておくことも考えられる。この際には後述のとおり，下請取引に該当する場合には下請代金の支払遅延とならないように注意する必要がある。委託者としては，製品の検収後○日以内というような形にしてなるべく後から支払うようにしたい。逆に，受託者としては，製

品の製造の進行に従って段階的に支払ってもらうなど，なるべく前払いにしたい。同様に，対価の支払方法について，これに複数のバリエーションがあることがあまり想定されないという場合には，第2項について「前項の製造代金の支払は受託者が別途指定する銀行口座に対して振り込む方法により行う」と銀行振込に限定してしまうこともありえる。もちろん，本契約の中で振込先の銀行口座をあらかじめ指定しておくことでも問題ない。さらに，対価の弁済期についても，個別契約に基づき製造される製品の内容が多様ではない（一種類または数種類の製品の製造委託しか行われない）という場合には，あえて個別契約で定めることとはせず，あらかじめ想定される成果物に対する対価の金額を明確に定めた上で，個別契約による例外を許容するという建付けをとることも考えられる。なお，下請法上，委託者が「親事業者」，受託者が「下請事業者」に当たる場合は，検収の完了の有無にかかわらず，納品から60日以内に代金を支払わなければならない（下請法2条の2）。

　また，第4項に定める費用分担については，実務上も争点となることがありうる事項であるところ，例えば，本契約の目的のために，その製品や支給品や貸与品などを運搬するための運送業者を用いる必要がある場合に，諸般の事情から，当該運送業者との間では，受託者ではなく委託者が当事者となって運搬に係る契約を締結することもあろうが，この場合の当該契約に基づく運送費用を，委託者としては受託者に負担させたいという意図があったとしても，このような背景事情は現状のサンプル条項の規定からは必ずしも明らかではない。そのため，契約交渉段階で具体的にその発生が想定される費用については，その名称や性質などを示しながら具体的に負担主体を明らかにしておくべきであろう。

(2) 分割払いの方法

　対価の支払期日（方法）として，業務の履行のうち一定のマイルストーンを達成（中間成果物や仕掛品を完成）した時点での一部の対価を支払うという定めを置くことも考えられる。このような規定は，運転資金の確保のために本業務の履行の完了を待たずして，作業の進捗に応じて都度一定の対価の支払いを

受けたいと考える受託者の側からそのような要請があると考えられる。なお，個別契約の解約によって本業務の履行の継続が困難となった場合において割合的に支払われるべき対価の計算方法については，サンプル条項第20条で定めが置かれている。

このように，中間成果物に対する対価の一部の支払いを定める場合には，例えば，個別契約では以下のように「支払方法」を定めることが考えられる。

〈分割払いの条項例〉

> 本契約（個別契約）に基づく本業務の対価は○円とする。ただし，このうち，［中間成果物の完成に対して支払われるべき対価の割合を記載］に相当する金額については，［中間成果物の内容を特定する記載］の納入及び検品をもって支払い義務が発生し，委託者は，受託者に対して，本契約に定める期日及び方法により，これを支払うものとする。

このような規定を置く場合には，個別契約において，本業務の遂行期間，支払期日・方法，本製品の内容，数量や仕様，本製品の荷姿，納入期日や納入場所，本製品の検品完了期日（２条参照）などを定める際に，これらが（最終）成果物としての本製品に関するものであるのか，中間成果物に対するものであるのかについて，それぞれ項目を分けて記載するなどの方法によって明確化する必要があるだろう。

(3) 民法改正による条項改定の要否

民法改正により特段改定すべき点は存在しない[8]。

---

[8] なお，改正民法477条は，預金または貯金の口座に対する払込みによってする弁済は，債権者がその預金または貯金に係る債権の債務者に対してその払込みに係る金額の払戻しを請求する権利を取得した時にその効力が生じるとした。もっとも，いかなる場合に，「債権者がその預金又は貯金に係る債権の債務者に対してその払込みに係る金額の払戻しを請求する権利を取得した」といえるかについては，解釈に委ねられており，これを予め契約書上で明文化（記帳時とすること，振り込み依頼時とすること等）しておくことも考えられる。もっとも，かかる議論は，改正民法下固有の議論というわけではなく，現行民法下においても妥当する議論であろう（一般的には，かかる点まで明確化した契約書は多くはないと思われる）。

第3章 製造委託基本契約の解説

5 貸 与 品

> 第4条 （本貸与品の貸与及び返還）
> 1．委託者は，受託者に対し，個別契約の定めるところに従い，本貸与品を貸与するものとし，受託者は，委託者に対し，本貸与品の受領と引き換えに預かり証を交付するものとする。
> 2．受託者は，本業務の遂行の過程において本貸与品の瑕疵を発見した場合には，速やかに委託者に通知するものとする。この場合，委託者及び受託者は当該本貸与品の取扱いについて誠実に協議する。
> 3．受託者は，委託者から貸与された本貸与品を善良な管理者の注意をもって管理し，保管上及び帳簿上，受託者の他の資産と区別しておかなければならない。
> 4．受託者は，委託者の事前の書面による承諾がない限り，本貸与品を複製し，本業務以外の目的に使用し，又は第三者に利用させてはならない。
> 5．受託者は，本業務が完了した場合，本業務において必要がなくなった場合，本貸与品に係る個別契約が終了した場合又は委託者から返還を求められた場合には，委託者に対して速やかに本貸与物を原状に復し，自らが付属させた付属品を収去した上で返還するものとする。但し，受託者は，委託者及び受託者が書面により合意した場合は，本貸与品の返還に代えて，自己の費用負担をもってこれを廃棄することができる。

(1) 貸与品に関する費用

　製造委託契約においては，目的となる製品の製造のために必要な機械，設備，計測器，金型等を委託者が受託者に対して有償または無償で貸与することがありうるため，サンプル条項ではこのような場合を想定して本条を定めている。

　ここでは，本貸与品の貸与は，個別契約の定めによることとされているが，仮にここで無償貸与とする旨定めた場合には，委託者・受託者の関係は民法上の使用貸借（民法593条〜600条）に類似するものとして，特段の定めがない場合には，受託者は，これを本契約の目的のため以外の目的のためにも用いることができると考える余地があるが，委託者としては，あくまで受託者が本業務を遂行する目的のために本貸与品を使用させようとしているものであるところ，

このような趣旨を明確に反映させたのが本条4項の規定である。また、この場合における委託者・受託者の関係を使用貸借に類するものとみたとき、受託者は、貸与品の返還時に原状回復義務、すなわち自らが附属させた附属品の収去義務を負うと解されているところ（民法598条参照）[9]、本条5項は、この点を明確化したものである。この点に関連して、借主が、通常損耗についても原状回復義務を負うか否かについては、争いがあるところであり、この点も契約書上、明確化することも考えられる。加えて、（受託者ではなく）第三者の附属させた附属品の収去義務まで負うかについては、争いがあるところであり[10]、例えば、第三者による附属品の設置が、受託者の指示に基づく場合や、当該設置につき受託者の責めに帰すべき事由が存在する場合には、受託者が収去義務を負う旨規定しておくことも考えられる。さらに、貸与品を使用するために通常必要となる費用については自ら負担する一方で（民法595条1項）、それ以外の費用については委託者に対してその支出した費用の償還を請求できることになる可能性があるため（民法595条2項・583条2項。また、有償貸与となる場合にも、委託者は、本貸与品の使用・収益に必要な修繕費を負担しなければならず、これを受託者が支出した場合には、受託者は委託者に対してその償還を請求することができると考えられる（民法616条・594条1項））、必要費用およびその他の費用について負担すべき主体を明確に定めておくことも有益であろう。

また、委託者にとって本貸与品が重要な財産であるといった場合には、以下のような損害保険に関する規定を入れることが考えられる。

---

9 「借主は、借用物を原状に復して、これに附属させた物を収去することができる」（現行民法598条）との規定は、借主の権利のみならず、借主の原状回復義務および自らが附属させた付属品の収去義務も規定したものであると解されている（一問一答307頁）。
10 一問一答308頁。

〈損害保険に関する条項例〉

> 受託者は、個別契約において定めた場合には、本貸与品の滅失または損傷を担保するために合理的に必要な損害保険に加入するものとする。なお、受託者は、委託者から求められた場合には、当該保険の加入を証する書面の写しを速やかに委託者に提出するものとする。

受託者としては、本契約のために相手方から貸与を受けるにすぎない物品のために損害保険に加入しなければならないことが小さからぬ負担となりうるため、そのような場合には、これを削除することや、または、規定するとしても、損害保険の対象となる「本貸与品の滅失又は損傷」の範囲を、自らに帰責性があると認められるものに限定をするように修正を試みるなどすることが考えられる。また、以下のように損害保険料の負担者についての定めを置くことも有益であろう。

> 受託者は、本貸与品の滅失又は損傷を担保するために、委託者の費用をもって、委託者の指定する損害保険に加入するものとする。

(2) 民法改正による条項改定の要否

民法改正により特段改定すべき点は存在しない[11]。

---

11 前述のサンプル条項に影響はないと考えられるが、使用貸借に係る改正民法の内容については、一問一答301〜309頁。なお、改正民法においては、借主が原状回復義務、自らが附属させた附属品の収去義務を負う点が明確化された(改正民法599条3項)。もっとも、前述の通常損耗等、第三者の附属させた附属品の取り扱いについては、引き続き、個々の事案に応じた解釈にゆだねることとし、その取り扱いを明文化していない(一問一答307頁)。賃貸借契約においては、賃貸人負担であることが明文化されている(改正民法621条)。そのため、通常損耗等の取扱いについて、契約上明確化しておくことについては、改正民法下においても検討すべき事項といえる。

6 支給品

第5条 （本支給品の支給）
1. 委託者は，受託者に対し，個別契約の定めるところに従い，本支給品を支給するものとし，受託者は，委託者に対し，本支給品の受領と引き換えに受領証を交付するものとする。
2. 受託者は，本支給品の支給を受けた場合には，速やかに検査を行うものとする。
3. 受託者は，前項の検査又は本業務の遂行の過程において本支給品の瑕疵又は数量の過不足を発見した場合には，速やかに委託者に通知するものとし，この場合の取扱いは以下のとおりとする。
 (1) 本支給品の瑕疵
 委託者は，その選択により，速やかに瑕疵の修補，代替品の納入又は対価の減額を行うものとする。但し，受託者による前項の検査又は本項の通知が遅延したときは，委託者は，当該本支給品の瑕疵について，その責任を負わないものとする。なお，受託者は，委託者の指示に従い，委託者の費用負担により，瑕疵に係る本支給品を委託者に返還し，又は廃棄するものとする。
 (2) 本支給品の数量不足
 委託者は，その選択により，速やかに不足分の納入又は対価の減額を行うものとする。但し，受託者による前項の検査又は本項の通知が遅延したときは，委託者は，当該本支給品の数量不足について，その責任を負わないものとする。
 (3) 本支給品の数量過剰
 受託者は，委託者の費用負担により，速やかに過剰分を委託者に返還するものとする。
4. 本支給品に係る所有権及び危険負担は，当該本支給品が無償の場合には委託者に帰属するものとし，当該本支給品が有償の場合には，その対価を受託者が委託者に支払った時点で，委託者から受託者に移転するものとする。
5. 受託者は，委託者から支給された本支給品を善良な管理者の注意をもって管理し，保管上及び帳簿上，受託者の他の資産と区別しておかなければならない。
6. 受託者は，委託者の事前の書面による承諾がない限り，本支給品を本業務以外の目的に使用し，又は第三者に譲渡し，担保提供その他の処分を行い，若しくは利用させてはならない。

(1) 支給品条項に係る留意点

本契約に下請法の適用がある場合には（第2章の**4**参照），委託者は，以下の事項に留意する必要がある。

まず，委託者が，発注した商品の品質，性能，規格を維持するために必要であるなどの正当な理由がないのに，その指定する材料や部品を有償支給と称して強制的に購入させる行為は禁止されている（下請法4条1項6号）。

また，有償支給品を用いて製造または修理をした場合に，本業務の対価の支払時期（第3条参照）より早い時期に支給品の対価を受託者に支払わせる，本業務の対価と相殺するなどして，受託者の利益を不当に侵害することも禁止されている（下請法4条2項1号）。

また，受託者としては，サンプル条項2項および3項の定めにより，本支給品の支給を受けた場合には，速やかに検査を行い，これに瑕疵等があった場合には速やかに通知することが求められており，これを遅滞した場合には，本支給品に瑕疵があった場合などでも自らその責任を負わなければならない。そのため，これによって必要以上の不利益を被ることのないよう，実務の運用に鑑みながら，「速やかに」とあるのを「5営業日以内に」などと修正することが考えられる。

さらに，サンプル条項第6項により，本支給品の本業務以外の目的のための使用等が原則として禁じられているが，とくに有償支給である場合，受託者としては，自ら残庫リスクを負うことになる以上，本支給品の使用・収益についての制限を可能な限り小さくするために，「但し，本業務の履行に支障がない限りでの使用についてはこの限りではない。」との修正を行うことも考えられる。

委託者の立場からは，支給品に関し委託者の所有権が侵害される場合，支給品の返還を求める場合，支給品について損害保険を掛けさせる場合について，受託者に対して，5条7項から10項として以下のような条項を規定するよう求めることがある。

〈支給品に関する追加条項例〉

> 7．受託者は，租税公課の滞納処分，強制執行その他本支給品に係る委託者の所有権が侵害されるおそれが生じた場合，直ちにその旨委託者に通知すると共に，委託者の指示に従い，その排除のために必要な措置を講じるものとする。
> 8．受託者は，本業務が完了した場合，本業務において必要がなくなった場合，本支給品に係る個別契約が終了した場合又は委託者から求められた場合には，当該本支給品は，何等の手続を要せず，当該事由の発生と同時に受託者から委託者に売却されるものとし，受託者は速やかに当該本支給品を委託者に引き渡すものとする。なお，当該本支給品の所有権及び危険負担が委託者に帰属している場合には，引渡しと同時に受託者から委託者に移転するものとする。但し，受託者は，委託者及び受託者が書面により合意した場合は，本支給品の売渡しに代えて，自己の費用負担をもってこれを廃棄することができる。
> 9．前項に基づく当該本支給品の売却価格は，個別契約に定める本支給品の対価を基準として委託者及び受託者が協議して定める金額とし，委託者及び受託者は速やかに当該金額を精算するものとする。
> 10．受託者は，個別契約において定めた場合には，無償で支給した本支給品の滅失又は損傷を担保するために合理的に必要な損害保険に加入するものとする。なお，受託者は，委託者から求められた場合には，当該保険の加入を証する書面の写しを速やかに委託者に提出するものとする。

(2) 民法改正による条項改定の要否

民法改正により特段改定すべき点は存在しない。

COLUMN　　　　　歩留り補償条項

　歩留りとは，支給品から期待される生産量に対して，実際に得られる製品生産数のことをいう。

　製造に際してある程度の不良は発生することが避けられないため，相互に目安となる許容不良率（歩留り）を定め，当該比率を超える不良が発生した場合には，委託者は，製造委託先に対して，損賠賠償・補償を求めることがある。この場合の賠償・補償について定めた条項は，歩留り補償条項と呼ばれ，製造委託契約上，明記するケースが少なくない。

　加工委託は，加工による製品の製作という「仕事の完成」を目的とするものであるため，原則として民法の典型契約上の「請負契約」の性質をも有すると考えられる。委託者は，民法634条2項（請負人の担保責任）に基づき，製造委託先の故意・過失がない場合であっても，履行利益の損害を求めることが可能であると考えられる。もっとも，かかる場合には，歩留りは，製造代金にすでに反映されているという主張がなされることも考えられることから，損害賠償の範囲が一義的に明らかではなく，トラブルとなることも少なくない。そのため，明確に許容不良率を定め，不良発生時の受託者の責任の範囲をあらかじめ明確にしておくことが紛争予防や信頼関係保持の観点から望ましいと考えられる。

　また，具体的な許容不良率や賠償額は，製品や時期ごとに異なりうるものであるため，基本契約書内では抽象的に定め，別途，覚書等で詳細を合意することが合理的である。

　そこで，具体的には以下のような条項を設けることが考えられる。

〈歩留り補償条項例〉

> 受託者が委託者からの支給品を用いて製造を行った場合において，委託者および受託者が別に定める許容不良率を超える不良が発生したときは，受託者は，委託者に対し，当該許容不良率を超える部分について，支給品の材料費，製造費および加工費等を基に委託者および受託者が別に定める予定賠償額を補償するものとする。ただし，その原因が支給品の品質にあった場合は除くものとする。

　この点，下請法適用取引において，あらかじめ合意する「賠償額」が実際に委託者に生じる損害額を大きく超えるような場合には，実質的には「下請代金の減額」に該当するとして，下請法違反を問われる可能性が否定できないため，その設定に

6　支　給　品

は注意を要する。

【覚書】
1．対象製品
　〇〇
2．対象期間
　平成〇年〇月〇日～平成〇年〇月〇日
3．不良の判定方法
　〇〇
4．許容不良率
　〇％
5．予定賠償額
　（無償）支給材1個当たり〇円
6．決済時期および方法
　〇〇

7　指図，報告，現場責任者

第6条　（本業務の遂行に関する指図及び報告）
1．受託者は，自己の責任において，本業務の遂行に関する従業員の配置，本業務の遂行スケジュールその他の本業務の遂行方法を決定する。但し，個別契約においてこれらの事項に関する規定がある場合には，これに従うものとする。
2．受託者は，本業務の遂行に関して必要がある場合には，委託者に対して委託者としての指図を求めることができるものとする。この場合，委託者は，必要に応じて当該指図を行うものとする。
3．委託者は，受託者に対し，本業務の遂行状況並びに本貸与品，秘密情報（第19条に定義される。以下同じ。）及び個人情報（個人情報の保護に関する法律（平成15年5月30日法律第57号）第2条第1項に定めるものをいう。以下同じ）の管理状況について，いつでも報告を求めることができるものとし，受託者は，委託者から求められた場合には，合理的な範囲内において，その指示に従い速やかに書面をもって委託者に報告するものとする。また，委託者は，事前に受託者の承諾を得た上で，受託者の事業所に立ち入り，これらの管理状況を調査することができるものとし，受託者は合理的な範囲でこれに協力する。
4．受託者は，本業務の遂行に関し，委託者の委託者としての指図に関する過誤を発見した場合には，速やかに書面をもって委託者に報告するものとする。

第7条　（現場責任者）
1．受託者は，委託者の事業場において本業務を遂行する場合には，予め本業務の履行に関して以下の事項を行う者（以下「現場責任者」という。）を選任した上で，委託者に対して現場責任者の氏名，役職及び連絡先を通知するものとする。これを変更した場合も同様とする。
　⑴　本業務に従事する受託者の従業員の労務管理及び作業上の指揮命令
　⑵　本業務に従事する受託者の従業員の安全衛生及び災害事故の防止に関する管理監督
　⑶　本業務の履行に関する委託者との間の連絡，報告及び調整
　⑷　委託者受託者間の本貸与品及び本製品の受渡し並びに請求書その他の書面の授受
2．委託者は，本業務の遂行に関して必要となる委託者としての指図は，受託者の選任した現場責任者に対して行い，受託者の従業員に対して直接これを行ってはならない。

> 3．第1項に定める場合には、受託者は、受託者の従業員をして、委託者の事業場の利用に関する諸規則を遵守させるものとする。

(1) 偽装請負

　本各条を定める目的は，業務委託契約が偽装請負とならないようにすることである。偽装請負とは，その実態は労働者派遣（または労働者供給）であるが，形式的には業務処理に関する請負または委任の契約に偽装して行われる違法な行為である。業務委託契約に基づく役務提供であっても，①請負人が自己の雇用する労働者の労働力を自ら直接利用すること，すなわち，当該労働者の作業の遂行について，請負人が直接指揮監督の全てを行うこと，および②請負人が自己の請負業務として注文事業主から独立して処理すること，すなわち，当該業務が請負人の業務として，その有する能力に基づき自己の責任の下に処理されることという2つの要件を満たさない場合には，「労働者派遣」または「労働者供給」に該当し，いわゆる「偽装請負」として法令による規制の対象となる（昭和61年労働省告示37号）。違法な偽装請負を行った場合には，委託者は，適法な要件を満たさない労働者派遣を受け入れているものとして，労働局からの是正指導，改善命令，勧告，企業名の公表といった措置を受ける可能性がある（労働者派遣法48条・49条・49条の2）。

　このような違法な偽装請負であるとみなされないために，受託者は受託作業を実際に行う者の業務について指揮監督する者を「現場責任者」としておくことで，昭和61年労働省告示37号の示す上記①および②の要件を満たすようにする必要がある。委託者として，昭和61年労働省告示37号の示す①および②の要件を満たすための最低限の現場責任者に係る規定としては，最もシンプルには以下のような規定を置くことが考えられる。

〈現場責任者に関する条項例〉

> 1．受託者は，本件業務を遂行するに当たり，あらかじめ受託者の従業員の中から現場責任者を定めると共に，書面により委託者に通知する。

2．現場責任者は，本件業務を遂行する受託者の従業員を管理し，指揮監督及び指示をしなければならない。
3．委託者は，第1項で定める者又はその監督者以外の受託者の従業員に，指揮監督及び指示をしてはならない。現場での調整が必要な場合には，現場責任者または現場責任者の監督者に対して指示をするものとする。

このような記載では，現場責任者の受託者の従業員に対する「管理，監督，指揮及び指示」の内容が漠然としている。委託者としては，現場責任者の業務の内容をより明確にすることにより，偽装請負である旨の指摘を受けるリスクを減らすことが望ましい。昭和61年労働省告示37号においては，①②の要素としてさらに細かく，①について，（イ）業務の遂行に関する指示その他の管理を自ら行うものであること，（ロ）労働時間等に関する指示その他の管理を自ら行うものであること，（ハ）企業における秩序の維持，確保等のための指示その他管理を自ら行うものであることという要素に分けて①を充足するかの判断をするものとしている。②についても，（イ）業務の処理に要する資金につき，すべて自らの責任の下に調達し，かつ，支弁すること，（ロ）業務の処理について，民法，商法その他の法律に規定された事業主としての全ての責任を負うこと，（ハ）単に肉体的な労働力を提供するものでないことが判断要素として挙げられている。これらの各判断要素を満たすために具体的な内容にしたものが，サンプル条項例である。

もっとも，ここで注意されるべきは，真に重要なのは，本契約に従って行われる受託者における本業務の履行が労働者派遣法に違反しないような態様において行われるということであり，上記のような契約書上の文言の修正（もちろんこれ自体も重要なプロセスではあるが）のみによって実態を覆い隠すことまではできないという点である。

(2) 民法改正による条項改定の要否

上記各条項について，民法改正により特段改定すべき点は存在しない。

8　法令上の責任

> 第8条　（法令上の責任）
> 1．受託者は，受託者の従業員の使用者として，労働基準法，労働安全衛生法，労働者災害補償保険法，職業安定法，社会保険諸法令その他受託者の従業員に対する法令上の責任を負うものとする。
> 2．受託者は，本業務の遂行にあたり受託者又は受託者の従業員が第三者に損害を与えた場合は，自らその損害（合理的な弁護士費用を含む。以下同じ。）を賠償する責任を負うものとする。

(1)　遵守する法令

　上述のとおり，業務委託の法的な性格が委任であれば善管注意義務を，請負であれば仕事を完成させる義務を受託者は負っており，いずれの義務も当然に関係する法令を遵守しつつ履行されることもまた当然に義務の内容となっている。

　その観点からすれば，本条1項の規定はあくまで確認的な規定であって必須の規定ではない。しかし，ここで特に労働関連法規について着目して遵守すべき法令を挙げているのは，前条同様にあくまで業務委託として受託者の従業員が提供する役務は，違法な労働者派遣ではないことを宣言するという意味で条文を設ける意味を有する。

　サンプル条項例では労働関連法令のみを列挙しているが，この他に受託者が遵守すべき法令として業務遂行上抵触しうる法令を列記するといったこともまた，一般的にみられる。受託業務を遂行するに当たっては当然に関連・抵触する法令を遵守することは当然であるが，あえてこれを業務委託契約書において記載をすることで，委託者および受託者において，当該業務がどの種の法令に抵触しうるかということを互いに確認することができるという意味においても有意義な規定である。

もっとも，一方の立場で契約交渉に臨む場合に，相手方から提出された契約書の原案にこのような法令遵守の規定が含まれているのを見て「当事者それぞれに適用がある法律を遵守することは当然のことであるのにもかかわらず，あえてそのような規定を定めることで，自身に何かしら抽象的な不利益があるのではないか。」との懸念を抱くということも当然にありえよう。このような場合には，差し障りのない限り相手方に対してその規定の趣旨を確認してみることも有益である。その結果，本規定の趣旨につき前述のような説明を受けることができるかもしれず，そのようなやりとりの過程を通じて，当事者間における規定の「立法趣旨」ともいうべき内容を明確化しておくことで，将来的にその規定に関連して何かしらの紛争が生じた場合の解決の糸口を作っておくことは本規定に限らず一般的に大切な契約交渉のプロセスの1つである（そのようなやりとりが行われた形跡が，最終化される前のバージョンの履歴として残っているということでも十分に意味があろうし，これにより，将来相手方がそのやりとりの内容に反した「読み方」を主張してきた場合には，有効に反論することができよう）。また，これによって相手方において，特段の意図がない規定であることが明らかとなれば，また，何かしらの説明があったとしても，その趣旨であるならば承服しかねるといった場合であれば，その段階で削除や適切な修正を求めるべきである。いずれにせよ，本規定に限らず，「正直よく意味はわからないけれども，見覚えがあるものだから問題ないだろう。」というような規定に遭遇したときには，それをそのまま放置することなく，何かしらの適切な対応をすることにより，「よく意味がわからない規定」が契約書の中に存在することのないようにしておくべきである。

(2) 受託者の第三者に対する責任

民法において事業者がある事業のために他人（自らの従業員）を使用している場合には，当該従業員等がその事業の執行について第三者に加えた損害については，使用者がその損害を賠償する責任を負うものとされている（民法715条）。業務委託を受けて委託者のために受託者が自らの従業員等を使って業務

の提供を行っていれば，当該従業員が何らかの損害を第三者に生じさせたのであれば，受託者はその損害の賠償義務を負うこととなる。この意味からすれば，本条2項についても民法のデフォルトルールがそのまま記載された確認的な条文であるということができる。

他方，委託者としても，受託者を使用して自らの事業を行っていると評価され委託者が責任を負わされる可能性がある。

この観点で考えると，本条は単に受託者にとっての民法上のデフォルトルールを確認的に規定したというものにとどまらず，委託者と受託者の間の責任の所在を明らかにするために創設的に設ける条文であるといえる。

したがって，委託者としては，受託者による役務の提供が委託者自身の事業の執行になるといえる場合には，本項の規定を設けるべきである。

反対に，受託者としては極力自らの負う責任を減じたいということも十分に考えられる。そこで，受託者の立場からは，本項の規定を削除するか，または，「但し，第三者の損害について，委託者についても法律上の損害賠償責任が発生する場合には，それぞれの責任割合に応じてこれを公平に負担するものとする。」などと修正を試みることが考えられる。

(3) 受託者における法令違反が問題となった事例

最後に，実際に受託者における法令違反が問題となった事例を紹介しておく。

平成28年1月，カレーのチェーン店を経営する企業で，製造段階で異物が混入した可能性があるとして廃棄処分を委託したビーフカツが，その委託を受けた産業廃棄物処理業者の会長らによって同じ県内にあるスーパー複数店舗に横流しされていたという事件が発覚した。

この事件により，産業廃棄物処理業者の会長は，食品衛生法違反容疑や詐欺容疑などにより逮捕，同年12月には名古屋地裁によって懲役3年，執行猶予4年，罰金100万円の有罪判決が言い渡され，同産業廃棄物処理業者は法人として，罰金50万円が言い渡された。

この事例のように，受託者における法令違反が発生した場合に，それがまる

で委託者において発生した事件であるかのように報道されることとなり，本来であれば法律上の責任を負わないはずの委託者までもがレピュテーションリスクによる損害を受けるということも十分に考えられるところであり，そのような社会的な評価や信用の低下によって被る損害は，企業活動にとっては法律上の責任そのものよりも経済的にインパクトが大きいということはままあることである（とくに，受託者に比して委託者の社会的な認知度が高いという場合には，その可能性は大きくなろう）。

そのため，業務委託契約の締結にあたっては，サンプル条項のように同契約に関連して問題となりうる法令を具体的に明記しておくことに加えて，例えば，その法令のうち，とくに問題となりそうな規定（上記の事例に関連していえば，委託者に対して交付する産業廃棄物管理表（マニフェスト）における虚偽記載を禁じる廃棄物処理法29条6号などが委託者との関係で問題となりえただろう）を明記し，これを遵守することを定めるなどして，契約当事者双方に対する注意喚起を図ることも望ましい。

(4) 民法改正による条項改定の要否

上記各条項について，民法改正により特段改定すべき点は存在しない。

COLUMN　　　　業務委託と内部統制

　企業における中核機能に資源を集中させることによって競争力を高めるとともに，非中核機能を外部に委託することによって，自社で行っていた場合に比べて競争力あるコスト構造を入手できるとして，BPO（ビジネス・プロセス・アウトソーシング）が積極的に活用されるようになっている。外部委託することにより，もともと自社で運用していた非中核機能に関する内部統制について，外部委託先にどこまで整備・運用させるのかが問題になる。

　内部統制には，業務の有効性および効率性，財務報告の信頼性，法令遵守の3つの目的があるとされる（COSOフレームワーク）。ベネッセの外部委託先における個人情報漏えい事故のようなケースを防ぐためには，外部委託先を慎重に選定し，開始時から内部統制に関する事項を周知徹底するとともに，定期的にモニタリングする必要がある。実質的にどのような統制を効かせるかが重要であるが，他方で契約上も監査条項等の規定を入れておき，いざという時に契約上の根拠によって，委託先に対して十分なモニタリングや統制ができるような形にしておくことが重要である。

　ESG（環境・社会・ガバナンス）が投資においても重視されている今日，受託者に生じた問題についても，委託者の問題にされたり，委託者のレピュテーションが低下したりということにつながる。受託者が製造過程で，土壌汚染を引き起こしたり，児童労働を行わせたり，法令違反の原材料を使ったりというようなことが生じないように，法令遵守を約束させるとともに，報告や監査の規定を具体的に規定しておくことが重要である。そして，実際にそれらの規定に基づき，法令遵守の研修やモニタリングを定期的に行い，受託者をしっかりコントロールすることが求められる。

　報告や監査について，比較的詳細に規定した条項例としては以下のようなものがある。

〈報告・監査についての条項例〉

> 1．受託者は，本件業務が終了した場合には，遅滞なくその旨を報告しなければならない。
> 2．本件業務の遂行に支障が生じた場合又は生じるおそれがある場合には，受託者は，帰責のいかんにかかわらず，その旨を直ちに委託者に報告し，委託者の指示に従い対策を講ずる。

3．委託者又は委託者が指定した第三者（以下総称して「委託者等」という。）は以下各号に定める事項について受託者を監督することができるものとし，受託者は委託者等から当該各号に定める事項について報告書，チェックシート又は確認書等の提出を求められた場合には，遅滞なくこれに応じなければならない。さらに，委託者等は当該監督に必要な範囲で監査（受託者の施設への立入り及び当該施設内の設備・機器・資料等の実査，必要な資料等又はその複製等の閲覧，受託者による当該資料等又はその複製等の提出並びに受託者の役員，従業員及び代理人等への事情聴取等）を行うことができるものとし，受託者は監査の実施に当たり，誠実に委託者等に協力する。

① 本件業務の遂行状況
② 支給品，貸与品，秘密情報及び個人情報の取扱状況
③ 本件業務の全部又は一部を第三者に再委託している場合には，当該第三者に対する監督の状況
④ その他，本契約の諸条項の遵守状況

4．受託者は委託者の所轄官庁等の要請に基づき行われる調査等について，誠実に委託者に協力する。受託者は，委託者から経営状況につき報告を求められた場合には，決算短信，有価証券報告書又はこれに類する書面にて委託者に報告を行う。

5．本条第3項又は第4項の結果又はその他により受託者が本契約に違反していると委託者が判断した場合には，委託者は受託者に対して，受託者に開示又は提供した支給品，貸与品，秘密情報及び個人情報の使用の差止請求ができるものとし，受託者はこれに異議を述べない。

6．前項の場合には，受託者は，支給品，貸与品，秘密情報及び個人情報並びに当該情報により作成したすべての物を，直ちに委託者に返却又は委託者の指示に従った処置を行わなければならない。

7．受託者は，第4条第3項の定めに従い再委託に関係する全ての第三者が前各項の監督，監査，報告徴収の対象となることを理解し，委託者等が当該第三者に対しても監督，監査，報告徴取をすることができるように必要な措置を講じなければならない。

9 再委託

第9条 (再委託)
1. 受託者は、委託者の事前の書面による承諾を得た場合に限り、第三者 (以下「再委託先」という。) に対し、本業務の全部又は一部を再委託することができる。
2. 受託者は、前項に基づき再委託を行った場合には、直ちに再委託先の名称及び再委託した本業務の内容を書面により通知するものとする。
3. 受託者は、第1項に基づき再委託を行った場合は、再委託先をして本契約及び個別契約に定める受託者の義務と同等の義務を遵守させるものとし、再委託先が当該義務に違反したときは、再委託先による当該義務違反は受託者の違反とみなして、その一切の責任を負うものとする。

(1) 再委託条項の意義

　製造委託契約は請負型の委託契約であり、請負契約は仕事の完成が目的であることとの関係で、その過程において受託者が第三者に再委託することは、禁止されない[12]。

　しかし、通常、業務委託契約書においては再委託について制限する条項が設けられることが多い。これは、委託者が受託者の技術力やコスト、納期、これまでの取引からの信用状況などを踏まえて契約を行っていることから、受託者において委託者の全く知らない第三者に再委託されては困るといったことがその主な理由である。

　一方で、上述の趣旨を踏まえると委託者にとっても信用のおける第三者であれば、再委託がなされたとしても委託者として困ることはない。そこで、原則として再委託を禁止しつつ委託者の事前の承諾がある場合に限るなど、限定的

---

[12] もっとも、第1章の2「委任との関係」でも述べたとおり、請負か委任かの区別は容易ではない面もあり、後述するように委任については、再委託が原則禁止される。製造委託契約において、再委託に係る規定が置かれるのは、上記本文中の理由に加えて、万が一、委任の性質を持つと判断される場合に備えるという面もあろう。

に再委託を許容する形で再委託に関する条項が規定されることが多い。

(2) 再委託を行う際の制限

それでは，例外的に再委託を許容するとしてどのような範囲であれば例外を許容できるであろうか。近年では，委託者がある業務を外注に出そうとするとき，当該業務がいくつかの要素によって成り立っている場合に委託者がその要素ごとに専門的に対応できるいくつかの外注先（受託者）に個別に委託を行うより，トータルで業務を請け負うことのできる外注先（受託者）にまずは委託し，当該受託先がさらにいくつかの専門性を有する再委託先を利用しつつ業務を完成させて委託者に提供するということが頻繁に行われている。すなわち，委託者としてもトータルで業務の完成をコーディネートしてくれる委託先を望んでいるのである。ここで，委託者がいくつかある候補の中からその委託先を選択する理由としては，当該業務のコアになる部分については当該委託先に信頼を置いているといったこともあれば，単に業務の完成に向けたコーディネート力（コスト・納期などの条件面からも）が優れているといったことも考えられる。前者のような理由であれば，再委託を例外的に認めるとしても，その業務のコアとなる部分については直接の委託先に作業してもらいたいといった要請がある。そのため，以下のような再委託条項を委託者としては受託者に提案することになる（このような規定は行政との契約において使用されることが多い）。

〈再委託原則禁止の条項例〉

> 1．受託者は，業務の全部を一括して，又は〇〇において指定した主たる部分を第三者に委任し，又は請け負わせてはならない。
> 2．受託者は，業務の一部を第三者に委任し，又は請け負わせようとするときは，あらかじめ，委託者の承諾を得なければならない。

他方，特に後者のような理由であれば，受託者としては受託した業務のうち些末な部分については事前承諾を不要として，再委託をしたことについて通知

さえすれば足りるということを望むことが考えられる。その場合には，以下のような再委託条項が受託者から提案されることになる。

〈再委託一部可能な条項例〉

> 1．受託者は，業務の一部を第三者に委任し，又は請け負わせようとするときは，あらかじめ，委託者の承諾を得なければならない。ただし，軽微な部分を委任し，又は請け負わせようとするときは，この限りでない。
> 2．受託者は，再委託を行った場合には，直ちに再委託先の名称及び再委託した本業務の内容を書面により通知するものとする。

さらに，委託される本業務の一部については受託者自身によって履行される必要性が必ずしも高くないという場合や，また，本業務が非常に大規模であるなどといった理由から，そもそも受託者としては本業務を（場合によっては複数の）再委託先に委託することなくしてはその遂行が困難であることが明らかであるといった場合には，少なくとも，本契約の目的の達成のためには再委託を行うことが相当であると当事者間で意見が合致している部分については，委託者による事前の承諾は不要であると具体的に明記して，委託者による再委託先の管理のため，事後的にこれを通知することで足りる旨修正することが考えられる（以下がサンプル条項の第1項の修正案）。

〈再委託可能な条項例〉

> 受託者は，委託者の事前の書面による承諾を得た場合に限り，第三者（以下「再委託先」という。）に対し，本業務の全部又は一部を再委託することができる。ただし，本業務のうち［再委託について委託者の事前の書面による承諾を要しない部分を特定するに足りる事項を記載］については，受託者は，委託者に対して事後に書面によって通知することにより，その全部又は一部を再委託することができ，この場合，次項の通知を本項の通知によって兼ねることができる。

また，場合によっては，契約交渉段階の時点で，受託者が本業務の履行にあたってある特定の再委託先を用いることが当事者間で所与の前提となっている

ということも考えられる。

　このような場合には、本条第1項につき「ただし、受託者が本業務の全部又は一部を［当該再委託先の名称その他これを特定するに足りる事項を記載］に対して再委託することについては、委託者は、本契約の締結をもってあらかじめこれを承諾するものとする。」などと修正することにより、後になって委託者が翻意したり、委託者の側の担当者が異動によって変更されたりすることによって前提が覆されてしまうリスクを可能な限り最小化することも有益であろう。

(3)　再委託を行った場合の受託者の責任
　業務委託契約における契約の当事者はあくまで委託者と受託者であることから、再委託を行った場合でも、当該再委託は受託者の責任において再委託先を選定して行われるものであるため、委託者としては、再委託先の行為についていかなる理由があろうと受託者に負ってもらいたいと考えるのが当然であり、その場合にはサンプル条項のように規定される。

　他方で、受託者としては、委託者に再委託を行うことについて承諾を得ている以上、当該承諾した再委託先の行為についてまで全面的に自己の責任とまではせず全面的または、部分的に免責されること（例えば、「再委託先の選定及び監督についてのみ責任を負う」といった限定を付するなど）を主張することが考えられる。さらに、委託者から再委託先が当初より指定されていたような場合であれば、なおのこと受託者としてはかかる再委託先に関しては責任を負わないような規定とするよう主張することが考えられる。

(4)　再委託を行った場合の報酬の支払い方法
　また、仮に本条の規定に基づき受託者が再委託を行った場合において、その再委託先に対する報酬の支払義務の主体を明確にしておくことも有益である。そして、多くの場合、これは委託者が、受託者に対して本契約上の対価の支払い義務のみを負うものであって、再委託先に対する報酬は、その一切が受託者

によって行われるべきものであることを明確化した次のような規定になろう。

〈再委託先への報酬に関する条項例〉

> 委託者は，受託者が本業務の全部又は一部を再委託先に再委託する場合であっても，委託者が本業務の全部を履行したものとみなし，本契約に基づき受託者に対して対価を支払うものとし，再委託先に対して本件業務の全部又は一部の履行に対する対価の支払義務を一切負わないものとする。この場合，乙は，乙の費用及び責任をもって，再委託先に対して本件業務の全部又は一部の履行に対する対価を支払うものとする。

さらに，営業秘密等の管理に関して，委託者として，以下のような条項を入れておくことが望ましい。

〈再委託先の秘密管理に関する条項例〉

> 受託者は，第三者に前項の再委託を行う場合，委託者に対し本契約○条に基づいて負っている秘密保持義務その他の本契約上の義務と同等の義務を当該第三者との間の契約に定めるなどして当該第三者に負わせ，かつ，当該第三者において秘密管理体制，生産体制など本契約上の義務が履行できる状況が整備されているかどうかを適時に適切な方法で検査しなければならない。

(5) 民法改正による条項改定の要否

前述のとおり，現行民法において，製造委託契約は請負型の委託契約であり，仕事の完成が目的であることとの関係で，その過程において受託者が第三者に再委託することは，禁止されない（もっとも，通常，業務委託契約書においては再委託について制限する条項が設けられるのは前述のとおりである）。

そして，改正民法は，この現行民法の規律を変更していないことから，再委託の条項について，従前の規定からあえて改定する必要はないものと考えられ，民法改正により特段改定すべき点は存在しない[13]。

---

13 遠藤185〜186頁においても，民法改正による契約条項の修正は提案されていない（再委託に係る条項を見直すことは提案されている）。

10 製品の納入

> 第10条 （本製品の納入）
> 1．受託者は，個別契約に定める荷姿，納入期日及び納入場所において，本製品を委託者に納入するものとする。但し，受託者は，委託者の事前の承諾を得て，委託者が別途指定する荷姿，納入期日及び納入場所において本製品を納入することができる。
> 2．受託者は，個別契約に定める納入期日までに本製品を納入することができないおそれが生じた場合には，直ちに委託者に通知しなければならない。この場合において，委託者が納入期日の変更又はこれに付随する事項に関する指示を行ったときは，受託者は，当該指示に従うものとする。但し，本項の規定は，個別契約に定める受託者の義務及び責任を免れさせるものではない。

(1) 製品の納入条項に係る留意点

　製品の納品の期日や場所について，本契約において具体的に定めることも可能であるが，とくに，本業務の内容が個別契約によってかなり区々であるなど，あえてこれらを本契約で規定するメリットが大きくないと考えられる場合には，サンプル条項のように，個別契約で定めることとすることが一般的である。もっとも，個別契約の発生根拠となる注文書および注文請書においてこれら（とくに提出場所）の記載が漏れてしまった場合の混乱を防止するため，原則的な規定を本契約で定めつつ，個別契約の定めがある場合には個別契約が優先される旨規定しておくことも考えられる。

　また，本製品の著作権や特許権等の知的財産権の帰属についても問題となる。この点については後述**16**を参照。

　受託者に対し，本製品の納入前に自ら検査をする義務を課す場合は，以下のような規定を入れることになる。

〈納入前検査に関する条項例〉

> 受託者は，本製品の納入前に，委託者と受託者が別途合意する方法により数量，品質等

に係る納入前検査を行い，検査合格した本製品を委託者の要求する荷姿にて委託者に納入するものとする。

(2) 民法改正による条項改定の要否

上記各条項について，民法改正により特段改定すべき点は存在しない。

11 製品の検品

第11条　（本製品の検品）
1．受託者が委託者に納入する本製品は，以下に定める基準（以下「検査基準」という。）に適合するものでなければならない。なお，以下に定める基準の間に矛盾又は誤謬その他の疑義が生じた場合には，以下に定める順序により，上位の基準が優先的に適用されるものとする。
　(1)　個別契約に定める仕様又は基準
　(2)　本貸与品として受託者に貸与された図面，仕様書，検査基準書及び技術規格書又はこれらに準ずる書面に記載された仕様又は基準
　(3)　法令に定める仕様又は基準
　(4)　本製品に関してJIS規格その他公に定められた規格がある場合には，当該規格に定める仕様又は基準
　(5)　個別契約の本旨に則した基準
2．委託者及び受託者は，以下の事項につき合意した場合には，検査基準に適合しない本製品についても，第1号に基づき算出される不良率が第2号に定める許容不良率を超えない限り，検査基準に適合したものとみなすものとし，超えた場合には第3号に定めるところに従うものとする。
　(1)　検査単位，検査方法及び不良率の算定方法
　(2)　許容不良率
　(3)　許容不良率を超えた場合における，当該検査単位に属する本製品及び当該本製品に係る本支給品（もしあれば）の取扱い
3．委託者は，前条に基づき受託者から本製品の納入を受けた場合には，個別契約に定める期日までに，検査基準に従った検査（以下「検品」という。）を行うものとする。なお，検品に要する費用は，受託者の負担とする。

第3章　製造委託基本契約の解説

> 4．委託者は，検品の結果，本製品における検査基準の不適合，通常有すべき安全性の欠如（以下「欠陥」という。）その他の瑕疵又は数量の過不足を発見した場合には，速やかに受託者に通知するものとし，この場合の取扱いは，委託者及び受託者の間で別段の合意をした場合を除き，以下のとおりとする。なお，本項に基づき新たに納品した本製品についても，前項及び本項が適用されるものとする。但し，委託者の指図上の過誤その他委託者の責に帰すべき事由による瑕疵については，この限りではない。
> (1)　本製品の瑕疵
> 　　受託者は，委託者の指示に従い，受託者の費用負担により，当該本製品を引き取ると共に，速やかに瑕疵の修補，代替品の納入又は対価の減額を行うものとする。なお，委託者は，委託者の指定した期日までに受託者が当該本製品を引き取らない場合には，受託者の費用負担によりこれを廃棄することができるものとする。
> (2)　本製品の数量不足
> 　　受託者は，委託者の指示に従い，受託者の費用負担により，速やかに不足分の納入又は対価の減額を行うものとする。
> (3)　本製品の数量過剰
> 　　委託者は，受託者の費用負担により，速やかに過剰分を受託者に返還するものとする。
> 5．第3項に基づく検品並びに前項に基づく瑕疵の修補，代替品又は不足分の納入及び対価の減額（以下「修補等」という。）は，個別契約に定める受託者の義務及び責任を免れさせるものではない。

(1)　受入検査の意義

　業務の内容として製品の提出が要求される場合には，併せて受入検査（いわゆる「検収」）についても規定されることが多い。これは特に，業務委託の性格が請負的なものである場合に，当該製品が完成しているかについて判断する必要があるためである（仕事の完成（契約で予定していた最後の工程まで終了したか否か）の有無によって報酬請求権の発生の有無[14]や，瑕疵担保責任の適用の有無等にかかわるため）。また，業務委託の性格が請負的なものでなかったとしても，委託者はある業務を外注に出す以上，納得のいくサービスのレベ

14　ただし，後述するとおり，仕事が完成しなかった場合等であっても，割合的な報酬が認められる場合がある。

ルが提供されなければ当初合意したような対価を支払いたくはないと考えることが当然であり，受入検査には，かかる点を検証する機会を委託者に与える意義がある。この点に関連して，完成または合格といえる水準について明確にしておかないと，そもそも委託した業務が想定通りになされないというおそれがあり，またこの水準に委託者と受託者の間で認識に齟齬があれば後日トラブルとなる可能性が高まる。そこで，本条1項1号に関し，当事者間では，すでに個別契約に添付される仕様書等の名称が具体的に予定されている場合には，「［当該仕様書等の名称を記載］に定める基準」と修正するなどして，「個別契約に定める仕様及び個別契約の本旨に則した基準」という文言をさらに明確化させることが考えられる。同項2号以下についても同様である。

(2) 受入検査の合格の法的意義

受入検査の合格または検収は，民法または商法において当然にその法的効果が規定されているものではない。したがって，受入検査の合格による効果（もしくは，受入れ検査を合格しなかった場合の法的効果）についても明確にしておくことが望ましい。具体的には，受入検査を合格したことをもって報酬支払いの条件とすることや[15]，受入検査に合格しなかった場合には受託者の責任と費用負担において修正作業を行うといった内容である。サンプル条項では，報酬の支払いを受入検査の合否に係らしめることはせず，検査に合格しなかった場合に受託者の責任と費用において修正を行う義務を負うと共に，修正作業を行っていることをもって債務不履行責任を免れることはない旨を規定する形としている。

(3) 受入検査の時期等

また，サンプル条項では，「委託者は，」「個別契約に定める期日までに」（3項）受入検査を行い，また，その結果として「瑕疵又は数量の過不足を発見し

---

[15] 報酬支払いの条件として設定することは，下請法上の下請代金の支払遅延の防止（下請法4条1項2号）との関係でも有益となる。

た場合には，速やかに受託者に通知する」（4項）ものとされているが，委託者がずるずると検査を引き延ばすリスクがある。つまり，仮に委託者が，個別契約で定める期日までに受入れ検査を行わなかったり，瑕疵等の発見後にしばらくしてから受託者に対して通知を行ったりした場合において，受託者の側になお4項各号に定める瑕疵の修補義務等が課されることになるか否かが明らかではない。そこで，受託者としては，「速やかに」とあるのを，「発見してから5営業日以内に」や「検品を完了すべき期日の翌日から起算して10営業日以内に」とするなどして，納品後の本製品について，修補請求等をなされ得る不安定な地位の長期化を防止することが考えられる（併せて，専ら個別契約により定めることとされている受入れ検査の完了期日も，基本契約で原則的な定めを置きつつ，個別契約による変更の余地を認める建付けとすることもありえる）。

さらに，受託者としては，委託者が上記期間内に通知せずに，不安定な状態が続くことを防ぐために以下のような規定を入れるべきである。

〈検査期間に関する条項例〉

> 委託者は，検品により不合格となった物が生じた場合は，納品から10営業日以内にその旨を受託者に通知する。委託者が，上記期間内に通知しない場合は，検品に合格したものとみなす。

(4) 民法改正による条項改定の要否

受入検査に関する条項は，現行民法の下では，前述のように当該製品について「完成」（予定していた工程を終了したか）の有無を基準として，報酬請求権の発生の有無や，瑕疵担保責任の適用の有無[16]等を区分する機能を有していた。改正民法においても，かかる受入検査に関する条項の趣旨は妥当しうるところであり，また，委託者の納得できるだけのサービスが提供されているかについて検証する機会を委託者に付与するという趣旨は，改正民法下においても当然妥当するため，特段，改正民法の影響を受けての実質的な修正は不要と思

われる。なお,「瑕疵」という文言について,改正民法の文言に合わせ,「契約の内容に適合しないものである場合」等と修正することが考えられる[17]。

12　品質管理体制

> 第12条　（品質管理体制）
> １．受託者は，本製品の製造方法を記載した管理工程図，品質管理記録その他品質管理に関する書面を整備するものとする。
> ２．委託者は，本製品の品質を確保するために合理的に必要な範囲で，前項の書面の作成又は提出その他本製品の品質管理体制の整備又は改善を受託者に対して求めることができる。

(1)　品質管理体制に係る条項の留意点

　受託者は，契約上一定の品質を備えた製品を納入する義務を負うことから，当然に製品の品質を管理する体制を整えることが求められるが，当該品質管理体制がいかなる体制を指すか，一義的に明らかではない場合も少なくない。

　そのため，委託者としては，管理工程図や品質管理記録等の書面を利用し，可能な限り，品質管理体制の内容を特定することが望ましい。上記条項例第１項は，かかる趣旨に鑑み，品質管理体制に係る書面の整備について，定めたものである。また，受託者が，受託者なりに品質管理体制を整備したとしても，委託者にとっては当該体制が不十分な場合も想定される。そのため，委託者と

16　潮見佳男『民法（債権関係）改正法の概要』（金融財政事情研究会，2017年）315頁においては，改正民法下においては，契約不適合を理由とする追完請求，損害賠償請求，請負報酬減額請求，解除に関して，「仕事の完成」の前か後で区別する意味がなくなるとの指摘がなされている。しかし，かかる見解に対して，仕事の完成前に注文者に契約不適合責任を追及する利益を与える必要がない等として，契約の不適合責任の適用を仕事の完成後に限定する見解も存在しており（遠藤160〜161頁，169〜170頁等参照），未だ実務上の解決を経ていないと思われる。
17　遠藤170頁においても同趣旨の修正がなされている。

しては，上記条項例第1項に合わせて，上記条項例第2項のように，品質管理体制の整備，改善を要求できるよう規定を設けることも検討するべきである。

その他，委託者としては，品質管理体制の一層の確保を目指すのであれば，①品質管理体制の変更につき，委託者の承認を要する旨定めることや，②受託者の製造場所に対し，立入検査ができる旨定めることも検討に値する。例えば，以下のようなものが考えられる。

〈品質管理体制の変更につき，委託者の承認を要する条項例〉

> 3．受託者は，第1項の書面の内容を変更する場合，委託者の事前の書面による承認を得なければならない。

〈品質管理体制の変更につき，委託者の承認を要する条項例〉

> 4．委託者は，本製品の品質を確保するために合理的に必要と判断した場合，いつでも，受託者の製造場所に立ち入り，品質管理体制について，検査をすることができる。

他方，受託者は，委託者から品質管理体制の整備につき，過度な整備を求められれば，製造体制に混乱や萎縮が生じてしないかねない。そのため，例えば，①品質管理体制の変更につき，委託者の承認を要する範囲を限定することや，②立入検査を実施するためには，受託者への事前の通知や受託者の承諾を要する旨定めることも検討に値する。

〈品質管理体制の変更につき，委託者の承認を要する範囲を限定する条項例〉

> 3．受託者は，第1項の書面の内容について，本製品の品質に影響を及ぼすような重大な変更をする場合，委託者の事前の書面による承認を得なければならない。

〈立入検査のために事前の通知を要する旨定める条項例〉

> 4．委託者は，本製品の品質を確保するために合理的に必要と判断した場合，事前に受託者に対し書面により通知のうえ，受託者の製造場所に立ち入り，品質管理体制につ

いて，検査をすることができる。
〈立入検査のために事前の承認を要する旨定める条項例〉
4．委託者は，本製品の品質を確保するために合理的に必要と判断した場合，事前に受託者の書面による承認を得た場合にのみ，受託者の製造場所に立ち入り，品質管理体制について，検査をすることができる。

(2) 民法改正による条項改定の要否
民法改正により特段改定すべき点は存在しない。

13　担保責任

第13条（担保責任）
1．受託者は，本製品に瑕疵又は数量不足があった場合には，検品合格後○年以内に委託者がその事実を受託者に通知した場合に限り，本製品の修補等を行うと共に，当該瑕疵又は数量不足によって委託者に生じた損害を賠償する責任を負うものとする。なお，本製品の修補等については第11条第4項の規定を準用する。
2．前項に定めるほか，受託者は，本製品が第三者の権利を侵害していないことを表明し，かつ保証するものとし，委託者が第三者から本製品の侵害に関する訴訟その他の紛争の提起を受けた場合には，当該紛争の解決に協力すると共に，これによって委託者に生じた損害を賠償する責任を負うものとする。なお，前項の期間は，本項の責任には適用されないものとする。

(1)　瑕疵担保責任（条項例第1項）
ア　瑕疵担保責任の概要
製品が不良品等であった場合の委託者の救済策（受託者の瑕疵担保責任）について定める規定であり，重要な規定である。
i　「瑕疵」
「瑕疵」とは，原則としては，その目的物が備えるべき品質，性能を有して

いるか否かにより判断されるが，かかる判断は当事者がその契約の内容に適合しているか否かに鑑み判断される[18]。

ⅱ　修補請求

民法上，仕事の目的物に瑕疵がある場合の請負人の責任については，注文者は，原則として，請負人に対して相当の期間を定めてその瑕疵の修補を請求することができる（民法634条１項本文）。しかし，「瑕疵が重要でない」場合において，修補に過分の費用を要するときは，例外的に修補を請求することが制限される（同項ただし書）。

ⅲ　損害賠償請求，解除

加えて，「瑕疵の修補に代えて，又はその修補とともに，」損害賠償の請求をすることもできる（同条２項前段）。また，仕事の目的物に瑕疵があるために契約をした目的を達することができないときは，原則として契約の解除をすることができる（民法635条本文）。ただし，建物その他の土地の工作物については，この限りではないとされる（同条ただし書）。

ⅳ　期間制限

さらに，「瑕疵の修補又は損害賠償の請求及び契約の解除」は，原則として「仕事の目的物を引き渡した時」（仕事の目的物の引渡しを要しない場合は仕事が終了した時）から１年以内にしなければならない（民法637条）。

イ　瑕疵担保責任に係る条項の留意点

契約実務上，瑕疵担保責任については，①そもそも責任を免除するか否か，②通知期間（権利行使期間）を伸長または短縮するか，③瑕疵修補請求，損害賠償請求，契約解除の全てを認めるか，④損害の範囲や額を限定するかなどが検討される。

受託者としては，①そもそも責任が免責されることが最も望ましいものの，契約当事者間においては，一般的に，製品に瑕疵がないことを前提に代金額等

18　最判平成22年６月１日判例タイムズ1326号106頁，最判平成25年３月22日判例タイムズ1389号91頁参照。

が設定されていることなどから，完全に免責を獲得することは難しいことも多い。次善の策として，一定の範囲で責任を限定することを検討するべきである。具体的な方法としては，例えば，②通知期間（権利行使期間）を短縮する（売買契約における買主による目的物の検査および通知に関する商法526条2項に定める期間等を踏まえて6か月との主張がなされることも多いが，実際には製品の耐用年数等が考慮されて決定されるべきである），③受託者の業務遂行に起因する場合，または受託者に過失がある場合に限る。④代品の納入によって契約目的を達成できる場合は，損害賠償請求や契約解除は認めず，代品の納入の責任のみとする（逆に，代品納入ができない場合は，代品の納入を認めず，損害賠償請求および／または契約解除のみとする），⑤損害の範囲を通常損害等の範囲に限定する，損害額は業務委託料を上限とするなどが考えられる。具体的な条項例としては，例えば，④および⑤については，以下のようなものが考えられる。⑤については後述**24**を参照されたい。

〈瑕疵担保責任について，原則として，代品の納入に限定する条項例〉

> 1．受託者は，本製品に関し，検査基準の不充足その他の瑕疵があり，受入検査合格後〇年以内に委託者がその事実を受託者に通知した場合，当該瑕疵を無償で修補する責任を負うものとする。
> 2．委託者は，前項の場合，受託者に対し，当該瑕疵によって自らに生じた損害の賠償請求又は本契約の解除をすることができない。但し，受託者が前項の修補ができないときは，この限りではない。
> 3．当該瑕疵が，委託者の指図上の過誤その他受託者の責に帰すべき事由によらない瑕疵である場合，前2項は適用されないものとする。

これに対して，委託者としては，①通知期間（権利行使期間）を1年よりも長くする，②瑕疵修補請求，代金の減額（現行民法においては，認められていない），損害賠償請求，契約解除等を自由に選択することができるようにすることなどが考えられる。②の具体的な条項例としては，例えば，以下のようなものが考えられる。

第3章　製造委託基本契約の解説

〈委託者が救済方法を選択できる条項例〉

> 本製品に関し，検査基準の不充足その他の瑕疵があった場合には，受入検査合格後〇年以内に委託者がその事実を受託者に通知した場合に限り，委託者は，受託者に対し，当該瑕疵を無償，代金の減額，当該瑕疵によって委託者に生じた損害の賠償，本契約の解除を任意に請求できるものとする。但し，委託者の指図上の過誤その他受託者の責に帰すべき事由によらない瑕疵については，この限りではない。

ウ　民法改正による条項改定の要否[19]

i　売買に係る担保責任の改正

　現行民法においては，売買に係る瑕疵担保責任（民法570条）の法的性質について，①法定責任説（売買契約の売主は目的物をそのまま引き渡せば足りるはずであるが，瑕疵について売主が一切責任を負わないとするのは不当であるから，瑕疵担保責任は契約の義務の例外規定として法が特に設けた責任であるとする説）と，②契約（債務不履行）責任説（売買契約の売主には瑕疵のない目的物を引き渡す義務があるから，瑕疵のある物の引渡しは債務不履行であり，したがって，同条は債務不履行責任についての特則であると考える説）との間で争いがあったところ，改正民法は，売買に係る瑕疵担保責任（民法570条）は②契約（債務不履行）責任説に立つことを明確化し，担保責任の法的効果として，履行の追完請求（修補，代替物・不足分の引渡し），代金減額請求を追加することとなった（改正民法562条1項本文，563条1項・2項）。また，かかる改正の趣旨に鑑みて，従来「瑕疵」の存在を要件としていた点について，「契約の内容に適合」することを要件とした。

　そして，請負の担保責任については，かかる改正に伴い，売買の担保責任と

---

[19] 本書においては，契約条項の改定に影響のある範囲で民法改正の内容に言及しているが，その他請負の担保責任に係る改正点については，一問一答340〜346頁参照。例えば，現行民法では，「瑕疵の修補に代えて，又はその修補とともに」損害賠償請求ができるとの規定（現行民法634条2項）が存在したところ，これが削除された。もっともこれは，債務不履行の一般的な規定により処理することとしたためであり（一問一答340頁），実質的な修正ではない。

大きく異なる規律をする合理性がないとの理由から[20]，売買の担保責任の規定が準用されることとなり（改正民法559条）また，売買と重複する規定や合理席の認められない規定は削除されることとなった（現行民法634条，635条，638条〜640条）。加えて，請負に特有の担保責任に係る規定も設けられている。そこで，以下においては，これらの改正に伴う，条項改定の要否について検討する。

ⅱ 「瑕疵」から契約不適合への文言変更

まず，民法636条の「瑕疵」という文言が，売買における担保責任と平仄を合わせる形で，「種類又は品質に関して契約の内容に適合しない」（改正民法636条）に変更された。そのため，前述の受入れ検査に係る条項においても述べたとおり，「瑕疵」との文言を，「契約の内容に適合しないものである場合」等と修正することが考えられる。

ⅲ 各法的効果に係る規律

〈履行の追完内容に係る委託者の選択権〉

請負において準用される売買の担保責任の法的効果については，目的物の修補請求，代替物や不足物の引渡請求が認められるところ（改正民法559条，562条1項），売主（業務委託契約においては，受託者を指す）は，買主（業務委託契約においては，委託者を指す）に不相当な負担を課するものでないときは，買主が請求した方法と異なる方法による履行の追完をすることができるとされている（改正民法562条1項ただし書）。そのため，特に委託者においては，自らの選択した履行の追完請求権が，受託者の判断により変更されないよう，契約上，改正民法562条1項ただし書の適用がないことを定めることが考えられる[21]。

〈代金減額請求権の行使に際しての履行の追完の催告の要否〉

請負における代金減額請求権は，売買の代金減額請求権の規定が準用されるところ（改正民法559条，563条），かかる代金減額請求は，相当の期間を定め

---

20 一問一答336頁。
21 遠藤163頁も同趣旨の指摘をしている。

て履行の追完の催告をし，その期間内に履行の追完がないときに，可能であるとされる（改正民法563条1項）[22]。この点に関連して，委託者側としては，目的物が契約の内容に適合しない場合に，履行の追完を待たずして，代金の減額を請求したいと考える場合もあるだろう。そのため，契約上，代金の減額請求権を行使するために，履行の追完の催告をすることを要しない旨定めることが考えられる[23,24]。

〈解除要件の限定〉

現行民法は，仕事の目的物に瑕疵があった場合において，契約した目的を達することができないときは，請負人の帰責事由の有無を問わず，請負契約を解除することが可能であるとしている（民法635条本文）。しかし，（解除に係る改正点の詳細は，後述するが，）改正民法においては，解除権の行使をするために，相手方の帰責事由を不要としたため，かかる規定を設ける意義がなくなり，同規定は改正民法において削除されることとなった。また，現行民法は，仕事の目的物に瑕疵があった場合において，契約した目的を達することができないときであっても，建物その他の土地の工作物については，解除できないと

---

[22] 本来の契約の内容どおりに売主によって完全な履行がされるのが望ましいと考えられるため，履行の追完の機会を与えたとされる（一問一答278頁）。

[23] 遠藤163頁も同趣旨の指摘をしている。なお，遠藤163頁においては，受託者側からは代金減額請求権を排除する修正を求めることが考えられる旨の指摘もなされている。しかし，現行民法下においても，契約実務上，委託者側の代金減額請求権は一般的に見受けられてきた条項であり，また，通常委託者側が受託者側よりも契約交渉において優位な立場を有することからして，かかる提案が可能な場面は限定されるのではないかと思われる。

[24] 代金の減額請求の方法に関して，一問一答279頁は，代金減額請求により減額される代金額の算定の在り方は解釈に委ねられており，実際に引き渡された目的物の現に有する価値と契約の内容に適合していたのならば目的物が有していたであろう価値とを比較して，その割合を代金額に乗じたものを想定しているとされている。また，この価値の基準時についても，解釈に委ねられているものの，契約時を基準とするのが相当であるとされている。このように，代金減額の方法については，一応の解釈論が示されているものの，疑義を防ぐために，契約書上その方法をあらかじめ明確化しておくことも考えられるだろう。

なお，一問一答279頁は，代金減額請求権が行使された場合，当該減額部分については債務の不履行（契約の不適合）がなかったことになるため，これと両立しない損害賠償の請求や解除権の行使はできないとしている。敢えて，契約上で条項と設けなくとも，かかる解釈により解決されうるところではあるが，受託者側としては，あらかじめ契約書上明記しておくことを提案することが考えられる。

していた(民法635条ただし書)。しかし,かかる規定について合理性を説明することは困難である旨の指摘もなされてきたため[25],同規定も改正民法において削除されることとなった。

その結果,改正民法においては,現行民法635条の規定が削除され,債務不履行解除の一般原則によることとなった。かかる改正による具体的な影響としては,催告解除をする場合には,その契約不適合の程度が軽微でない場合には,契約目的を達成することができる場合にも解除が可能となる(改正民法541条参照,他方,無催告解除については,契約目的を達成することができないことが要件となる(改正民法542条1項3号〜5号))。そのため,受託者側としては,契約目的を達成することができる場合には,催告解除ができない旨定めることを提案することが考えられる。

iv 期間制限について

前述のとおり,現行民法において,瑕疵の修補,契約の解除または損害賠償の請求は,原則として「仕事の目的物を引き渡した時」(仕事の目的物の引渡しを要しない場合は仕事が終了した時)から1年以内にしなければならないとされていた(民法637条)。しかし,注文者が瑕疵を知らない場合にも,引き渡した時(仕事の目的物の引渡しを要しない場合は仕事が終了した時)から1年以内に権利行使をしなければならないのは,注文者の負担が過重であるとの指摘がなされていた[26]。そこで,改正民法においては,原則として,仕事の目的物が契約内容に適合しないことを「知った時」から1年以内に「通知」しなければ権利行使をすることができないとし,権利行使期間について,委託者側の負担を軽減した。しかしながら,契約内容に適合しないことを「知った時」という基準時は,注文者の主観により左右される要件であり,後に紛争が生じた場合において,当該「知った時」に係る基準時をめぐって争いとなることが予想される[27]。

---

25 詳細については,一問一答342頁参照。
26 一問一答345頁。
27 遠藤164頁においても,同様の指摘がなされている。

そのため，受託者側としては，契約書上，当該起算点を現行民法どおり「引き渡した時」（受入検査完了時）とすることを提案することが考えられる（前述のサンプル条項からは変更がない）。

(2) 拡大損害等に係る責任（条項例第2項）
ア 拡大損害等に係る責任条項の留意点

製品に瑕疵等が存在する場合，当該瑕疵から派生し，第三者の権利を侵害する場合がある。かかる場合に，当該権利侵害について，委託者と受託者のいずれが責任を負うかは，必ずしも一義的に明らかではなく，委託者が第三者より責任追及を受ける可能性もある。そこで，かかる拡大損害が生じた場合に備え，委託者としては，製品が第三者の権利を侵害する場合に，当該第三者との紛争については，受託者が対応する旨規定しておくことが望ましい。他方，受託者としては，委託者と受託者が協力して解決する旨規定すること等が考えられる。

また，委託者は，万が一自らに損害が生じた場合に備え，当該損害については，受託者が賠償する責任を負う旨規定しておくことが考えられる。他方，受託者としては，例えば，当該権利侵害が，専ら委託者の指示に従ったことにより生じたような場合には，責任を負わない旨規定すること等が考えられる。

もっとも，事案ごとに個別具体的な検討を行うことが肝要であり，例えば，当該製品から第三者に対する重大な権利侵害が生じる可能性が高いような場合には，より詳細な規定ぶりとすることが考えられる。かかる場合の条項例については，第14条の製造物責任に係る規定等が参考になる。

イ 民法改正による条項改定の要否

民法改正により特段改定すべき点は存在しない。

14 製造物責任

第14条 （製造物責任）
1. 受託者は，本製品の欠陥により第三者の生命，身体又は財産に損害が生じた場合には，かかる損害を賠償する責任を負うと共に，これによって委託者に生じた損害（原因究明，当該第三者との間の紛争解決並びに市場からの本製品の回収及び補修等に合理的に要した費用（弁護士費用を含む。）等）を賠償する責任を負うものとする。なお，前条第１項の期間は，本条の責任には適用されないものとする。
2. 前項にかかわらず，以下のいずれかに該当する場合には，受託者は前項の責任を負わないものとする。
   (1) 検品合格時における科学又は技術に関する知見によっては，本製品にその欠陥があることを認識することができなかったことを受託者が証明した場合
   (2) 本製品が委託者の製品の部品又は原材料として使用された場合において，その欠陥が専ら委託者の行った設計に関する指示に従ったことにより生じ，かつ，その欠陥が生じたことにつき受託者に過失がないことを受託者が証明した場合
3. 委託者及び受託者は，本製品に欠陥があること又はそのおそれがあることを発見し，又はこれらに起因して自らが訴訟その他の紛争の提起を受けた場合には，直ちに相手方に対してその旨を通知し，相互に協力してこれを解決するものとする。
4. 受託者は，自らの費用負担により，本条の責任を担保するために合理的に必要な生産物賠償責任保険に加入するものとする。なお，受託者は，委託者から求められた場合には，当該保険の加入を証する書面の写しを速やかに委託者に提出するものとする。

(1) 製造物責任の意義

　製品の不良が原因で当該製品以外に損害が発生した場合（例えば，製品である部品の不良が原因で，当該部品が組み込まれた最終製品を使用していたエンドユーザーがケガをした場合やその財産が毀損した場合等）の委託者の救済策（受託者の責任）について定める規定である。

　このような拡大損害についても，委託者は，受託者に対して，民法上の債務不履行責任や瑕疵担保責任等の要件を充足する場合は，これらに基づく損害賠償請求をすることは可能である。もっとも，この場合は，委託者が，受託者の

供給した不良品を組み入れた最終製品を販売したことによって，委託者の顧客（エンドユーザー）から責任を追及された場合に，これによって被った委託者の損害のうち，委託者が受託者に対して損害賠償請求（求償）をすることができるのは，原則として当該不良品によって通常生ずべき損害のみであって，特別の事情によって生じた損害については受託者がその事情を予見しまたは予見し得た場合に限られることとなる（民法416条）。

　なお，受託者が製造者である場合，受託者は，製造物責任法に基づいて製造物の欠陥について製造物責任を負うこととなるが，同法は人（エンドユーザーなど）の生命・身体・財産に損害が発生した場合における，これらの人に対する製造業者の責任を定めるものであり，必ずしも，委託者の受託者に対する責任追及や，委託者・受託者間の責任分担について規律するものではない。

　このため，委託者としては，委託者が受託者に対して十分な責任追及をすることができるようにするために，あらかじめ責任の範囲等を規定しておくことが望ましい。具体的には，上記条項例第1項のように，損害の範囲には，委託者がその顧客（エンドユーザー）に対して支払った損害賠償額のほか，原因調査費用，リコール費用，被害者との紛争解決に要した費用（弁護士費用等）等が含まれることを定めておくことが望ましい。

　これに対して，受託者としては，責任の範囲が無限定に拡大することを避けることが必要である。そのための方法としては，例えば，①損害の範囲を通常損害や，②欠陥に直接起因する損害のみに限定する，③欠陥の発生につき受託者に故意・（重）過失がある場合に限定する，④損害額の上限を業務委託料とすることなどが考えられる。また，⑤事故についての処理解決に向けて，委託者の協力義務を定めておくことも有用である。具体的な条項例としては，例えば，以下のようなものが考えられる。

〈損害の範囲を通常損害の範囲に限定する条項例〉

> 受託者は，本製品の欠陥により第三者の生命，身体又は財産に損害が生じた場合には，かかる損害のうち，通常生ずべき損害についてのみ，賠償する責任を負う。

〈損害の範囲を欠陥に直接起因する損害のみに限定する条項例〉

> 受託者は，本製品の欠陥により第三者の生命，身体又は財産に損害が生じた場合には，かかる損害のうち，当該欠陥により直接かつ現実に生じた損害についてのみ，賠償する責任を負う。

〈不良品につき受託者に故意・(重) 過失がある場合に限定する条項例〉

> 受託者は，本製品の欠陥により第三者の生命，身体又は財産に損害が生じ，当該欠陥の発生につき自らに故意又は重大な過失が存在する場合についてのみ，賠償する責任を負う。

〈損害額の上限を業務委託料とする条項例〉

> 受託者は，本製品の欠陥により第三者の生命，身体又は財産に損害が生じた場合には，業務委託料の金額を上限として，賠償する責任を負う。

〈事故についての処理解決に向けて，委託者の協力義務を定める条項例〉

> 1．受託者は，本製品の欠陥により第三者の生命，身体又は財産に損害が生じた場合には，かかる損害を賠償する責任を負うと共に，これによって委託者に生じた損害（原因究明，当該第三者との間の紛争解決並びに市場からの本製品の回収及び補修等（以下「原因究明等」という。）に合理的に要した費用（弁護士費用を含む。）等）を賠償する責任を負うものとする。なお，前条第1項の期間は，本条の責任には適用されないものとする。
> 2．委託者は前項の場合において，原因究明等について，合理的な範囲で協力するものとする。
> 3．第1項にかかわらず，以下のいずれかに該当する場合には，受託者は第1項の責任を負わないものとする。

(1) 検品合格時における科学又は技術に関する知見によっては，本製品にその欠陥があることを認識することができなかったことを受託者が証明した場合
(2) 本製品が委託者の製品の部品又は原材料として使用された場合において，その欠陥が専ら委託者の行った設計に関する指示に従ったことにより生じ，かつ，その欠陥が生じたことにつき受託者に過失がないことを受託者が証明した場合

(2) 欠陥の原因

　本製品に欠陥があり，これによって第三者の生命等に生じた損害については，自らがその直接の製造者である以上は，原則的には自己に責任があると定めることについては否定することができない場合も多いであろう。一方で，受託者の側からみたとき，委託者からの貸与品や支給品を用いた，または委託者が定める検査基準に従った納品を義務づけられているようなケースでは（第4条・第5条・第11条），本製品に欠陥があった場合であっても，そのような欠陥が，委託者からその使用を義務づけられている金型等の支給品そのものや，委託者の定めた検査基準自体に内在する重大な安全上の不備に起因するものである場合もある。受託者としてはそのようなときにまでその責任を負うこととなるというのは避けたいと考えるはずである。そうした場合には，例えば以下のような修正を提案するなどして，双方にとって合理的な落としどころを探るべきである。

〈欠陥の原因により責任を分けて規定する条項例〉

1．受託者は，本製品の欠陥により第三者の生命，身体又は財産に損害が生じた場合には，かかる損害を賠償する責任を負うと共に，これによって委託者に生じた損害（原因究明，当該第三者との間の紛争解決並びに市場からの本製品の回収及び補修等（以下「原因究明等」という。）に合理的に要した費用（弁護士費用を含む。）等）を賠償する責任を負うものとする。なお，前条第1項の期間は，本条の責任には適用されないものとする。
2．前項にかかわらず，本製品の欠陥が，委託者が第4条に定める本貸与品，第5条に定める本支給品，または第11条に定める検査基準に起因するものである場合には，受

> 託者は第1項の責任を負わないものとし，委託者は，本製品の欠陥により第三者の生命，身体又は財産に生じた損害を賠償する責任を負い，これによって受託者に生じた損害（原因究明等に合理的に要した費用（弁護士費用を含む。）等）を賠償する責任を負うものとする。

(3) リコール

　消費者向けの商品について，商品の安全性に関わる品質上の問題が発生した場合，リコール（商品の回収）を行う事例が増えている。リコールを行うべき場合は，本製品につき受託者に品質保証違反があった場合に限られない。また，本製品が海外でも販売される場合には，当該国におけるリコール制度にも注意が必要となる。国内，海外を問わず，リコールには莫大な費用を要するので，リコールの必要性の判断やかかる費用をいずれかの当事者のみに負担させることは合理的でない。そこで，リコール対応について次のような規定を設けることが考えられる。

〈リコール対応に関する条項例〉

> 第○条　（リコール対応）
> (1)　委託者及び受託者は，本製品又は本製品が使われた委託者の製品に関して品質上の問題が発見された場合，直ちにその旨を相手方に通知するものとする。この場合，両当事者は，当該委託者の製品のリコール等の対策の必要性につき協議のうえ決定するものとする。
> (2)　前項の協議に基づきリコール等の対策をとることを決定した場合，両当事者は，当該対策の実施方法及びその費用負担につき協議のうえ決定するものとする。

(4) 民法改正による条項改定の要否

　民法改正により特段改定すべき点は存在しない。

15 所有権の移転，危険負担

第15条 （所有権の移転及び危険負担）
1．本製品に係る所有権は，本製品が受入検査を合格した時点で，受託者から委託者に移転するものとする。
2．受入検査の合格前に本製品が滅失又は毀損した場合には，その発生が委託者の責に帰すべき事由による場合を除き，当該滅失又は毀損は受託者が負担するものとする。この場合，受託者は，委託者及び受託者の間で別途合意した場合を除き，自己の責任及び費用負担において，本製品を改めて完成させなければならない。

(1) 所有権の移転時期

　民法上，請負契約において，受託者が仕事を完成して製品を委託者に引き渡した場合，当該製品の所有権は委託者に帰属する。完成した製品を引き渡す前の当該製品に係る所有権の帰属については，委託者と受託者のどちらが材料を提供したかによって決まる。すなわち，委託者が材料の全部を提供した場合は，製品の所有権は委託者に帰属し，受託者が材料の全部を提供した場合は，製品の所有権は受託者に帰属する（そして，委託者に製品が引き渡されることによって当該製品の所有権は受託者から委託者に移転する）。委託者と受託者がそれぞれ材料の一部を提供した場合は，より価格の高い材料を提供した者に帰属する。

　契約実務上は，製品に係る所有権の移転時期について，製品の引渡時，検収完了時，代金支払時とすることが多い（もちろん，これら以外の時期，例えば，仕事の完成時等と定めることも可能である）。委託者としてはできるだけ早く製品に係る所有権の移転を受けたいと考え，受託者としてはできるだけ遅く移転させたいと考えるのが一般的であるが，実務上，所有権の移転時期は，後述する危険負担の移転時期と同じタイミングとされることも多い点に留意する必要がある。

(2) 危険負担

ア 危険負担に係る条項の留意点

　上記サンプル条項は，かかる請負に係る危険負担の原則を明文化した規定である。

　契約実務上は，危険負担の時期について，検収完了時とすることが多い。

　一般的には，委託者としては危険が移転する時期をできるだけ遅くさせるのが，受託者としてはできるだけ早く危険を移転させるのが，自己に有利となる。そのため，受託者としては，（とくに委託者の信用状況に一定の不安材料が認められる場合などにおいては）例えば所有権および危険負担の移転時期を，製品の受領と同時に行うこととする旨の修正を行うことが考えられる。

イ 仕事が完成しなかった場合の規律

　前述のとおり，請負に係る危険負担の原則を前提にすると，受託者は危険の移転がなされるまでは，仕事の完成義務を負うこととなるが，結局，仕事の完成がしない場合も想定される。民法上，請負契約に関し，請負人の責めに帰す事由なくして仕事が完成しなかった場合に請負人が注文者に対して報酬等を請求することができるか否かについては，明文の規定がない。この点，請負は仕事の結果に対して報酬が支払われる契約であるため，請負人が報酬を請求するには仕事を完成させることが必要であり，請負人が途中まで仕事をしたとしても仕事を完成させていない以上は，原則として報酬を請求することができないと解されている（民法632条参照）。もっとも，①判例においては，仕事の一部が既に履行された後に請負契約が解除された場合において，既に行われた仕事の成果が可分であり，かつ，注文者が既履行部分の給付を受けることに利益を有するときは，特段の事情がない限り，既履行部分について請負契約を解除することはできないとして，既履行部分についての報酬請求を認めている[28]。また，②注文者の責めに帰すべき事由によって仕事の完成ができなくなった場合

28　最判昭和56年2月17日判時996号61頁，大判昭和7年4月30日民集11巻8号780頁。

には，請負人は，自己の仕事完成義務を免れ，危険負担に関する民法536条2項によって報酬（約定の請負代金全額）を請求することができるとしている[29]。

そうすると，かかる判例の考え方を前提に，契約が途中で終了した場合の対価[30]の取り扱い（どの段階まで仕事が履行されていればどの程度の対価を支払うのか等[31]）について，規定しておくことも考えられる[32]。

イ　民法改正による条項改定の要否
　i　危険の移転時期[33]

売買契約の締結後に当事者双方の責めに帰することができない事由によってその目的物が滅失または損傷した場合において，その滅失または損傷がいつの時点で生じたものであれば追完請求権等の買主の権利を行使することができなくなるかについては，現行民法に明文の規定はなかった。しかし，売主と買主の公平の観点からは，目的物の支配が売主から買主の下に移転したとき，すなわち，目的物が売主から買主に引き渡されたとき以降に生じた目的物の滅失または損傷については，買主は担保責任を追及することができないと解する見解が有力であり，不動産売買の実務においても，これと同じ趣旨の特約を締結する運用が定着しているとの指摘がなされていた。そこで，改正民法においては，売主が買主に目的物を引き渡した場合には，それ以後に当事者双方の責めに帰することができない事由によって生じた目的物の滅失または損傷については，買主は，これを理由とする担保責任の追及（履行の追完の請求，代金減額の請

29　最判昭和52年2月22日民集31巻1号79頁。
30　なお，遠藤178頁においては，報酬とは別途費用が存在する場合には，これについても取り決めておくべきとされている。
31　遠藤176頁〜177頁。なお，同書は受託者に責めに帰すべき事由が存在する場合に，報酬の請求ができない旨規定することも指摘されているが，他方で，かかる条項が信義則等で制限され得ることも指摘している。
32　遠藤177頁においても同趣旨の指摘がある。なお，同書は，改正民法を踏まえた改定として述べられているものの，上記の通り現行民法化の最高裁を前提にした議論であり，現行民法下における契約実務においても妥当する議論であろう。
33　請負には直接的に関係しないものの，改正民法においては，現行民法534条が多くの問題点を指摘されていることに鑑み，削除されている（詳細は一問一答227頁参照）。

求,損害賠償の請求および契約の解除)をすることができないとしており(改正民法567条1項前段)[34],また,代金の支払いを拒むこともできない(改正民法567条1項後段)[35]。そして,かかる規定は,請負契約等の有償契約においても準用される(改正民法559条)[36]。

もっとも,かかる「引き渡し」の意義については,「引き渡しの受領」を意味すると解する見解も存在し[37],そうすると上記サンプル条項の規定(受入検査の合格を基準として,危険の移転を判断する)は,委託者側からすれば,改正民法よりも危険の移転時期を後ろ倒しにするものであり,あえて修正の必要はないであろう。他方,受託者側からすれば,危険の移転時期を改正民法に合わせ,受領時(納品時)とすることを提案することが考えられる。また,危険の移転後においては,担保責任の追及(履行の追完の請求,代金減額の請求,損害賠償の請求および契約の解除)をすることができず,また,代金の支払いを拒むこともできないことを確認的に規定するよう提案することも考えられるだろう。

ⅱ 危険負担の効果の見直し

現行民法においては,双方に帰責事由がなければ危険負担により(民法536条1項),反対給付債務が消滅するとされていた。これに対し,改正民法では,債務者に帰責事由がなくとも,債権者は契約の解除をすることができるとしているから(改正民法541条～543条),危険負担に関する現行民法の規定を維持すると,双方に帰責事由がない場合について,反対給付債務の消滅という同じ効果を生じさせる制度が重複することになることが指摘されていた。そこで,制度の重複を回避する観点からは,危険負担制度を廃止し,契約の解除に一元化することとされた。もっとも,危険負担制度を単純に廃止すると,債権者は,

---

34 以上の整理については,一問一答287頁。
35 買主の受領遅滞の場合において,それ以後に当事者双方の責めに帰することができない事由によって目的物が滅失または損傷したときは,買主は,その滅失または損傷を理由とする担保責任の追及をすることができず,代金の支払も拒むことができないとされている(改正民法567条2項)。
36 かかる準用については,一問一答227頁。
37 潮見佳男『民法(債権関係)改正法の概要』(金融財政事情研究会,2017年)270頁。

旧法下では反対給付債務が当然に消滅していた場面においても，解除の意思表示をしなければならず，実務的な負担を増加させるおそれがある等不都合が生じることも指摘されていた。そこで，改正民法においては，危険負担の効果を，反対給付債務の消滅から反対給付債務の履行拒絶権の付与に改めた（改正民法536条1項）。換言すれば，債権者は，債務者に帰責事由がない場合には，危険負担制度に基づき当然に反対給付債務の履行を拒むことができる上，契約の解除をすることにより，反対給付債務を確定的に消滅させることもできることとなった[38]。

そこで，かかる改正点を踏まえ，サンプル条項において，「当該滅失又は毀損は受託者が負担するものとする」としている法的効果について，確認的に，「……本製品を改めて完成するまで履行の拒絶をすることができ，また，履行の拒絶に代えて，契約の解除[39]をすることができる」等と規定することも検討に値する。

ⅲ 仕事が完成しなかった場合の規律

なお，改正民法では，仕事が完成しなかった場合等の規律について，前述の判例の考え方を踏まえ，①注文者の責めに帰することができない事由によって仕事を完成することができなくなった場合または，②請負契約が仕事の完成前に解除された場合において，請負人が既にした仕事の結果のうち可分な部分の給付によって注文者が利益を受けるときは，その部分は仕事の完成とみなされ，請負人は注文者が受ける利益の割合に応じて報酬を請求することができるとしている（改正民法634条）[40]。

もっとも，これらは判例法理を明文化したものにすぎず[41]，契約条項について，民法改正により特段改定すべき点は存在しない。

---

[38] 以上の整理については，一問一答227～228頁。
[39] 遠藤73頁においても，履行請求権への対応や解除の要件等を明確化すること等改正への対応点が指摘されている。
[40] 改正民法634条の詳細については，一問一答338～339頁参照。
[41] 遠藤175頁においては，かかる改正について，判例の判断枠組みの適用範囲を仕事完成前の解除の局面に広げたものと評している。もっとも，一問一答338頁は，前述の判例について仕事の完成前についても妥当することを前提としているように思われる。

16 知的財産権の帰属・利用

> 第16条 （知的財産権の帰属等）
> 1．本業務の遂行の過程で得られた発明，考案，意匠，著作物その他一切の成果（本製品を含む。）に係る特許，実用新案登録，意匠登録等を受ける権利及び当該権利に基づき取得する産業財産権並びに著作権（著作権法第27条及び第28条に定める権利を含む。）その他の知的財産権（ノウハウ等に関する権利を含み，以下「本知的財産権」という。）は，全て委託者に帰属する。この場合において，受託者は，委託者に権利を帰属させるために必要となる手続（発明者たる従業者からの権利の取得及び移転登録手続を含むが，これらに限られない。）を履践しなければならない。
> 2．受託者は，委託者に対して，本業務の遂行の過程で得られた著作物に係る著作者人格権を行使しない。
> 3．委託者及び受託者は，前二項に定める権利の帰属及び不行使の対価が委託料に含まれることを相互に確認する。

(1) 知的財産権の帰属等に係る条項の留意点

「知的財産権」の意義は，用いられる場面によって異なるが，知的財産基本法2条2項において，特許権，実用新案権，育成者権，意匠権，著作権，商標権その他の知的財産に関して法令により定められた権利または法律上保護される利益に係る権利をいうと規定されていることが参考になる。

委託業務の遂行過程では，発明，考案，意匠，著作物等様々な知的財産が創出される。これらの知的財産を保護する法律はそれぞれ異なり，その法目的，権利客体（保護対象），発生要件，権利移転の可否・手続，侵害の成立要件や法的効果等が異なる。業務委託契約において知的財産権の帰属に関する規定を検討するにあたっては，業務委託の内容や想定される成果物の内容等について個別具体的な状況を踏まえる必要がある。例えば，物の製作委託や研究開発委託においては特許権（や実用新案権，意匠権）等が重要となることが多く，また，ソフトウェアその他のIT関連の業務委託契約においては著作権等が重要

となることが多い(ただし,IT関連分野の業務委託契約においても,発明が生ずるケースは少なくない)。以下では,特許権および著作権を中心に述べる。

ア 特 許 権
i 概　　要

　特許法は,発明[42]の保護および利用を図ることにより発明を奨励することで,産業の発達に寄与することを目的とする(特許法1条)。特許権は発明を行うだけでは発生せず,特許権を取得するためには,特許出願を行い,特許庁の審査官による審査を受ける必要がある(特許法36条等)。出願審査においては,発明が新規性・進歩性(特許法29条1項および2項)等の特許要件を具備するか否かが審査され拒絶の理由が発見されなければ,特許査定がなされる(特許法51条)。特許査定がなされると,登録料の支払等を経て登録がなされることにより,特許権が発生する。特許権者は,原則として「業として特許発明の実施をする権利を専有」でき(特許法68条本文),無断で業として特許発明を実施する第三者に対しては,差止請求や損害賠償請求等を行うことができる(特許法100条,民法709条等)。

ii 特許を受ける権利の帰属[43]

　ある発明についての特許を受ける権利は,原則として,当該発明を行った者(自然人)に帰属する(特許法29条1項柱書・36条1項2号参照)。そのため,業務委託契約の当事者が会社である場合には,会社に特許を受ける権利を取得・承継させる必要がある。特許を受ける権利を承継する方法としては,従業者等との間で個別に特許を受ける権利について譲渡契約を締結することも可能であるが,あらかじめ職務発明規程や就業規則等において,従業者等がした職務発明については,会社に承継させる旨定めておくことが多いであろう。また,平成27年特許法改正に伴い,使用者等は,契約,勤務規則その他の定めにおい

42　自然法則を利用した技術的思想の創作のうち高度のものをいう(特許法2条1項)。
43　本項については,実用新案登録を受ける権利および意匠登録を受ける権利についても同様である。

てあらかじめ使用者等に特許を受ける権利を取得させることを定めることで，その特許を受ける権利を発生時から（原始的に）当該使用者等に帰属させることも可能となった（特許法35条3項）。

ⅲ　特許権の共有

　上記の条項例は，本知的財産権を委託者に帰属させる場合の規定であるが，委託者および受託者が特許権を共有する旨定めることも可能である。この場合，委託者および受託者は，原則として，当該共有に係る発明を自由に実施することができる一方で（特許法73条2項），第三者に対し自己の持分を譲渡等する場合や，第三者に対しライセンスを行うためには，他方当事者の同意を得なければならない（特許法73条1項）。この点に関し，業務委託契約において，当事者の実施権原について特段の定めを置くことや，持分譲渡およびライセンスについて包括的に同意する旨定めることも可能である。

イ　著作権
　ⅰ　概　要

　著作権法は，著作物（「思想又は感情を創作的に表現したもの」をいう）を保護対象としている（2条1項1号）。著作者は，著作物を創作することにより，著作権および著作者人格権を享有し，そこには特許出願等に相当するような方式の履行は要求されない（17条）。著作権法上，著作権および著作者人格権は，複製権や翻案権等の支分権の束として規定されている（18条以下）。例えば，複製権を有する者は，その著作物を複製する権利を専有し（21条），無断で当該著作物を複製した第三者に対しては，差止請求や損害賠償請求等を行うことができる（112条，民法709条等）。

ⅱ　著作権および著作者人格権の帰属

　先述したとおり，著作権および著作者人格権を原始的に取得するのは，著作物を創作した著作者である。ただし，職務著作については例外が定められており，法人等の発意に基づきその法人等の業務に従事する者が職務上作成する著作物で，その法人等が自己の著作の名義の下に公表するものの著作者は，その

作成の時における契約，勤務規則その他に別段の定めがない限り，その法人等とされる[44]。

著作権は，その全部または一部を譲渡することができる（著作権法61条1項）。ただし，著作権を譲渡する契約において，27条に規定する権利（翻案権）または28条に規定する権利（二次的著作物の利用に関する原著作者の権利）が譲渡の目的として特掲されていないときは，これらの権利は，譲渡した者に留保されたものと推定される（61条2項）。委託者としては，成果物を自由に翻案等したいと希望することが多いと思われるが，その場合，上記の条項例のように，著作権として「著作権法第27条及び第28条に定める権利を含む」旨を特掲することが重要である。

他方，著作者人格権については，著作権とは異なり，著作者の一身に専属し，譲渡することができない（59条）。そこで，契約実務においては，著作者人格権者が著作者人格権を行使しない旨の特約を設けることが多い。

ⅲ　著作権の共有

本業務の遂行過程で生じた著作権について，委託者および受託者の共有と定めることも可能である。ただし，著作権を共有とする場合には，各共有者は，他の共有者の同意を得なければ，その持分を譲渡等することができないことに加え（著作権法65条1項），共有者全員の合意によらなければ，共有著作権を行使することができないことに十分な留意が必要である（著作権法65条2項）。この点に関し，共有著作権の行使については，共有者間で予め何らかの取り決めをしておくことも考えられる。

ウ　その他の留意点

知的財産権の帰属利用に関しては，独占禁止法にも十分配慮する必要がある。この点に関しては，公正取引委員会が，取引や知的財産の利用の態様等に応じて「知的財産の利用に関する独占禁止法上の指針」，「共同研究開発に関する独

---

[44] 15条1項。なお，プログラムの著作物については，「その法人等が自己の著作の名義の下に公表するもの」という要件は不要とされている（同2項）。

占禁止法上の指針」,「役務の委託取引における優越的地位の濫用に関する独占禁止法上の指針」等の各種指針を公表しており,これらを検討する必要がある。例えば,「役務の委託取引における優越的地位の濫用に関する独占禁止法上の指針」では,プログラムなどの情報成果物が取引対象となる役務の委託取引において,委託者が受託者に対し,「情報成果物の権利の譲渡」や「情報成果物の二次利用の制限等」の行為等を行う場合には,不公正な取引方法に該当するとして独占禁止法上問題となる場合がある旨述べられている。

エ 委託者の場合
ⅰ 通知義務・協力義務等
　一般的に,発明や創作は受託者側でなされる場合が多く,委託者としては,発明が行われたことを認識することができない可能性がある。そのため,委託者としては,受託者に対し,発明が行われた場合の通知義務を課すことも考えられる。また,委託者に権利が帰属し,委託者において特許出願等を行う場合であっても,出願のための書類作成等にあたっては,技術内容等を最もよく理解している受託者の協力を得ることが望ましいケースも多い。そのため,委託者としては,受託者に対し,特許出願の準備等について,協力義務を課すことも考えられる。これらの点について,具体的な条項例としては,例えば以下のようなものが考えられる。

〈通知・協力義務を定める条項例〉

> 受託者は,本業務の遂行の過程で発明,考案が生じた場合には,委託者に対し,直ちに通知するものとし,委託者の指示に従い,当該発明,考案に係る出願について,委託者に協力するものとする。

ⅱ 受託者に権利を帰属させる場合の委託者の利用権限
　本知的財産権について,受託者に帰属すると定めることももちろん可能である。もっとも,この場合であっても,委託者としては,問題なく本製品を利用・販売等できるようにしておく必要があるため,本知的財産権の実施・利用

について受託者から許諾を得ることとしておくことも考えられる。

具体的な条項例としては，例えば以下のようなものが考えられる。

〈受託者に権利を帰属させ，委託者へ実施許諾を行う場合の条項例〉

> 1．本業務の遂行の過程で得られた発明，考案，意匠，著作物その他一切の成果（本製品を含む。）に係る特許，実用新案登録，意匠登録等を受ける権利及び当該権利に基づき取得する産業財産権並びに著作権（著作権法第27条及び第28条に定める権利を含む。）その他の知的財産権（ノウハウ等に関する権利を含み，以下「本知的財産権」という。）は，受託者に帰属する。
> 2．受託者は，委託者に対し，本知的財産権について，本知的財産権の存続期間中，無償で，実施権又は利用権を許諾するものとする。

iii 知的財産権の種類ごとに規定する場合等

本業務の過程で生じる知的財産権について，権利の種類に応じて帰属を定めることも可能である。例えば，発明に係る権利については委託者に帰属することとしつつ，著作権については受託者に帰属する旨定めることなどが考えられる。また，特定の成果物に係る知的財産権の帰属や利用について特に規定することなども考えられる。

(2) 民法改正による条項改定の要否

民法改正により特段改定すべき点は存在しない[45]。

---

45 遠藤189頁においても，特段改定の必要がない旨の指摘がなされている。

COLUMN 　研究・開発の委託，共同研究開発

契約条項の特色

　現代の企業活動においては，企業の取り扱う技術も多種・多様化しており，一企業が取り扱うすべての技術を自社のみで研究・開発することは困難なケースもある。そのため，研究・開発を第三者に委託することや，第三者との共同での研究・開発を実施する例も少なくない。これらの場合，研究・開発の成果物が想定されることが通常であるから，一般的な業務委託契約とは異なる観点での留意が必要となる。

　例えば，研究開発により成果物が生じることが想定される以上，当該成果物および知的財産が誰に帰属するのか，また，契約当事者が当該成果物をどのように利用できるのかについて，明確に定めておくことがより重要となる。

　なお，契約当事者間の交渉力に差があるような場合，成果物や知的財産権の帰属について，一方当事者に極端に有利な規定が設けられることがあるが，そのような規定については，独占禁止法上の問題が生じ得るところであり，公正取引委員会が公表する「知的財産権の利用に関する独占禁止法上の指針」[46]や，「共同研究開発に関する独占禁止法上の指針」[47]に留意しつつ，規定内容を検討する必要がある。

　また，第三者の関与のもと，研究・開発を開始する前段階においては，秘密保持契約が締結されるのが一般的ではあるが，研究・開発に際して開示される情報には，当該企業の営業秘密に係る情報が含まれることも多い。そのため，研究・開発を実施するにあたって開示しなければならない情報の範囲や秘密保持の内容等は明確に定めておく必要がある。さらに，研究・開発の途上で，当事者の意見の相違や，研究・開発の失敗，資金不足等により，研究・開発の継続が困難になることも珍しくない。そのため，研究・開発を途中で終了させるための中途解約条項の要件や，費用等の精算，途中終了時点における研究・開発成果の取扱い等については，明確に規定しておくことが望ましい。

契約の相手方による違い

　契約の相手方の性質に鑑みて，契約条項を工夫する視点も重要である。例えば，契約の相手方が，競合先となる潜在的な可能性があるような場合には，競業禁止に係る規定等将来的に自社の営業が毀損されないような担保をする必要がある（ただ

46　http://www.jftc.go.jp/dk/guideline/unyoukijun/chitekizaisan.html
47　http://www.jftc.go.jp/dk/guideline/unyoukijun/kyodokenkyu.html

し，独占禁止法の問題が生じないよう，上記指針には十分に留意する必要がある）。加えて，昨今においては，ベンチャー企業への投資が活発化しており，独自の技術を開発するベンチャー企業と研究・開発を実施する例も多い。もっとも，ベンチャー企業においては管理体制が十分に確立していない場合があることに留意する必要がある。例えば，研究・開発の進捗状況を適宜把握できるような監査・報告に係る規定や，研究・開発の途中で資金不足になった場合に，いかなる方法により資金補充をするのかについて，明確に規定しておくことが重要である。

　また，大学や公的な研究機関を相手方とする場合も想定される。これらの機関は，基本的に成果物を事業に利用することは想定していないため，企業間の契約とは異なる観点での検討が必要となる。例えば，大学等の機関は，当然，研究・開発の成果を，自らの研究結果として，公表したいと考えるのであり，秘密保持義務に関する規定等で調整が必要となったり，いわゆる不実施補償条項の要否について検討を要するケースがある。

17　製造および譲渡に関する制限

第17条　（製造及び譲渡に関する制限）
受託者は，委託者の事前の書面による承諾がない限り，以下の行為を行ってはならない。
(1)　本貸与品，本支給品又は［委託者が許諾若しくは提供したノウハウ等］に基づき，本製品と同一又は類似した製品を自己又は第三者のために製造すること。
(2)　本貸与品，本支給品又は［委託者が許諾若しくは提供したノウハウ等］に基づき製造した本製品又は仕掛品その他の中間生成物を本業務以外の目的に使用し，又は第三者に譲渡し，担保に供し，若しくはその他の処分をすること。

(1)　製造および譲渡に関する制限条項に係る留意点

　委託者が受託者に対し提供する貸与品や支給品は，委託者が今までに培ってきたノウハウ等が下地となり製作されている場合が多く，また，かかる貸与品や支給品を基に作成された製品等についても，かかるノウハウ等がその前提となっている。

　業務の遂行を円滑に行うためにかかる貸与品等の提供を受けた委託者が，当該貸与品等を利用し本製品の類似品を製造することや，当該貸与品等を利用し製造された製品を，業務遂行とは無関係に使用等することは，委託者の保有するノウハウを侵害するものともいえる。もっとも，委託者が受託者に対し，かかる毀損に係る責任追及を当然に可能であるかについては，法律上も必ずしも一義的に明らかではなく，委託者としては，契約書上明確に定めておくことが望ましい。上記条項例は，かかる趣旨から規定したものである。

　なお，「本貸与品，本支給品又は［委託者が許諾若しくは提供したノウハウ等］に基づ」いているか否かとは関係なく，より広範に譲渡制限等を規定した場合には，独占禁止法の問題が生じる可能性があるため，留意を要する。

　他方，受託者としては，いかなる場合も委託者のノウハウを利用等してはならないとなると，自らの営業活動が制限されるのみならず，第三者のために実

施しようとする製造業務について，委託者からノウハウ侵害の主張をされるのではないかと考え，事業展開に対する萎縮効果も生じかねない。そのため，受託者としては，例えば，以下のように，適用場面を制限するただし書を追記することも検討に値する。

> 第17条　（製造及び譲渡に関する制限）
> 受託者は，委託者の事前の書面による承諾がない限り，以下の行為を行ってはならない。
> (1)　本貸与品，本支給品又は［委託者が許諾若しくは提供したノウハウ等］に基づき，本製品と同一又は類似した製品（以下「類似品」という。）を自己又は第三者のために製造すること。ただし，委託者受託者協議のうえ，本条の適用対象外と合意した類似品，受託者が独自に開発した類似品又は市販性の高い類似品については，この限りではない。
> (2)　本貸与品，本支給品又は［委託者が許諾若しくは提供したノウハウ等］に基づき製造した本製品又は仕掛品その他の中間生成物（以下，総称して「対象製造品」という。）を本業務以外の目的に使用し，又は第三者に譲渡し，担保に供し，若しくはその他の処分をすること。ただし，委託者受託者協議のうえ，本条の適用対象外と合意した対象製造品，受託者が独自に開発した対象製造品，市販性の高い対象製造品については，この限りではない。

(2)　民法改正による条項改定の要否
　　民法改正により特段改定すべき点は存在しない。

18　第三者が保有する知的財産権の侵害

> 第18条　（第三者が保有する知的財産権の侵害）
> 受託者は，本製品が第三者の知的財産権の侵害を構成しないことを表明し，かつ保証するものとし，委託者が第三者から本製品の侵害に関する訴訟を提起され又は権利主張される等の紛争が生じた場合には，当該紛争の解決に協力すると共に，これによって委託者に生じた損害を賠償する責任を負うものとする。

(1) 知的財産権の侵害に係る条項の留意点

仮に，本製品を使用・販売等する行為が，第三者が保有する知的財産権の侵害に該当する場合，委託者は，本製品を適法に使用・販売等することができないこととなってしまう。そのため，委託者としては，受託者に対し，本製品が第三者の知的財産権の侵害を構成しないことを表明保証させるとともに，当該第三者から権利行使を受けた場合の費用等について，受託者が負担する旨定めることが考えられる。また，委託者としては，本製品の構造や製造方法等について詳細を把握していない場合もあることから，受託者の協力義務を定めることも考えられる。

以上は一例であるが，第三者の知的財産権の侵害に関する規定の置き方は，業務委託の内容，委託者および受託者の関係等に照らして様々であり，個別具体的な事情に則して適切な規定を置くべきである。

いくつか例を挙げると，まず，以下のように，受託者が紛争解決義務を負う旨定めることや，損害賠償責任に弁護士・弁理士費用を含むことを明確にすることなども考えられる。

〈受託者に重い責任を課す条項例〉

> 受託者は，本製品が第三者の知的財産権の侵害を構成しないことを表明し，かつ保証するものとし，委託者が第三者から本製品の侵害に関する訴訟を提起され又は権利主張される等の紛争が生じた場合には，自らの費用と責任において，当該紛争を解決するものとし，当該紛争によって委託者に生じた一切の損害（弁護士・弁理士費用を含む。）を賠償する責任を負うものとする。

受託者としては，例えば，委託者の指示に従い製品を製造するような場合にまで責任を負担することはできないと考え，以下のような条項を提案することが考えられる。

〈受託者の免責を定める条項例〉

> 受託者は，本製品が第三者の知的財産権の侵害を構成しないことを表明し，かつ保証す

> るものとし，委託者が第三者から本製品の侵害に関する訴訟を提起され又は権利主張される等の紛争が生じた場合には，当該紛争の解決に協力すると共に，これによって委託者に生じた損害を賠償する責任を負うものとする。ただし，当該紛争が委託者の行った指示に従い本製品を製造したことに起因して生じたものである場合は，この限りではない。

また，第14条の製造物責任においても述べたような，損害の範囲を通常損害に限定する規定や，紛争の発生につき受託者に故意・（重）過失がある場合に限定する規定，損害額の上限を業務委託料とする規定を提案することも検討に値する。

さらに，受託者としては，第三者の権利侵害について一定の保証をしつつ，実際に紛争が生じた場合の補償の条件を定めておくことも考えられる。例えば，権利行使を主張する第三者に対する対応方針（訴訟における主張内容の決定や，代理人の選任等）の決定権限が受託者にあることを明示した上で，委託者がこれに反した場合には補償をしない旨定めておくケースもある。

(2) 民法改正による条項改定の要否

民法改正により特段改定すべき点は存在しない。

19 部品供給

(1) 部品供給に係る条項の留意点

> 第19条 （部品供給）
> 受託者は，個別契約終了後も〇年間は，当該個別契約に係る本製品の修補又は代替品の納入を行うために必要な本製品及びその部品を保管し，委託者が求めた場合には，当該本製品等を委託者に売り渡すものとする。なお，当該本製品等の売却価格その他の売却条件は，委託者及び受託者が誠実に協議して定めるものとする。

委託者からすれば，本製品の取引先（転売先）の事業者や，エンドユーザーである消費者からの修補の請求を受けた際には，実際にその製造を行った受託者の手を借りる必要があることになる。少なくとも，そのような事業者との契約内容や，消費者に対するカスタマーサポートの内容で定められている保証期間内においては，そのような請求への対応が可能となるよう，受託者との関係でも必要な事項を約定しておくことになるであろう。

一方で，受託者の側からすれば，必ずしも自身にとって与り知らない委託者側の事情のために，本製品やその製造に用いる部品を，場合によって基本契約の終了後も保管し続けなければならないことになるかもしれず，このことは受託者にとって大きな負担となり得る。極端な例として，委託者を含む取引先からの本製品またはこれに関連する製品の発注が減少し，採算が合わなくなったためにそれらの製造を中止したという場合であっても，受託者は，委託者のためだけに，何年間もその部品や製品を保管し続けておくことが必要となりうるということである。このように考えれば，もともと本契約には検品に伴う瑕疵の修補請求等や（11条），担保責任（13条），製造物責任（14条）など，受託者が負担してしかるべき責任についてはすでに他で規定されている以上は，本条のような規定は過度に負担になりうるものとして削除する，努力義務にとどめるよう修正するなどの提案をすることも十分に考えられる。

(2) 民法改正による条項改定の要否

民法改正により特段改定すべき点は存在しない。

COLUMN　　　　システム開発契約

　現代の企業活動において業務の効率化・省力化等のためのシステム化は必要不可欠であり，今後益々その重要性は高まっていくと考えられる。他方で，近時，システムの開発・保守運用に係る業務委託に関する紛争が後を絶たず，しかも，いったん紛争が生じると，紛争が長期化することも多いうえに，損害賠償額等も高額化する傾向にある（例えば，ユーザーである銀行が基幹システムの開発を担当したベンダに対してプロジェクト・マネジメント義務違反等を理由として約42億円の損害賠償額が認容された事例（東京高判平成25年9月26日金融・商事判例1428号16頁）や，証券会社が証券取引所に対して同所のシステムの瑕疵等により誤発注の取消注文ができなかったことなどから約107億円の損害賠償が認容された事例（東京高判平成25年7月24日金融・商事判例1422号20頁）などがある）。

　システム開発契約に関しては，契約の性質（請負であるか準委任であるか等），開発対象・委託業務の範囲，追加費用，知的財産権の帰属・利用関係等について紛争が発生することが多い。一口にシステム開発契約といっても，開発対象となるシステムの規模や内容，システム開発の手法等は事案によって様々であり，事案に適した契約となるよう，十分な検討が必要である。契約内容については，経済産業省が2007年4月に公表した「情報システム・モデル取引・契約書」（2011年2月修正）や，電子情報技術産業協会ソリューションサービス事業委員会『ソフトウェア開発モデル契約の解説』（商事法務，2008年）が参考になる。また，同省が2018年6月に公表した「AI・データの利用に関する契約ガイドライン」にも契約条項例や条項作成時の考慮要素等が整理されている。

　なお，システム開発においては，ユーザ業務に関する知識や個別的な要望の理解と，システム化に関する技術的な専門知識の双方が必要となるが，通常，前者はユーザ（委託者）に偏在する一方で，後者はベンダ（受託者）に偏在している。したがって，システム開発を成功裏に終えるためには，委託者・受託者双方が，各自に求められる役割を理解し，これを遂行することが必須となるのである。

20 個別契約の解約

> 第20条 （個別契約の解約）
> 1．委託者は，いつでも，受託者に対して1か月前までに書面をもって通知することにより，個別契約を解約することができる。
> 2．委託者は，前項に基づき個別契約を解約した場合には，第3条第1項にかかわらず，受託者が既に遂行した本業務の割合に応じて製造代金を支払うものとし，かつ，当該解約によって受託者に損害が生じたときは，その損害を賠償しなければならない。

(1) 法律の規定

ア 「解除」と「解約」

賃貸借契約，委任契約等の継続的な給付を内容とする契約にあっては，過去の給付に遡って契約関係を解消させる必要はなく，将来に向かって契約関係を解消させれば足りる。講学上，このような当事者の意思表示によって将来に向かって契約関係を解消させることを，契約関係を遡及的に解消させる「解除」と区別して，「解約」または「告知」ということがある。

民法上は，特に区別なく「解除」という用語が用いられているが（民法620条・630条・652条・684条等），契約書の作成においては，将来に向かって契約関係を解消させる趣旨であることを明らかにするため，「解約」という用語が用いられることが多い。

イ 個別契約の解約

民法上，請負契約および委任契約においては，注文者または委任者は，いつでも契約を解除することができるものとされている（民法640条・651条）。

したがって，本条1項の規定は，基本的には確認的な意味をもつにとどまることになる。もっとも，その通知の方法については，民法では定められていないため，口頭による通知や即時の解除も認められることになる。これによって

生じる「言った言わない」等の実務上のトラブルを避けるため，契約書の作成においては，書面による通知を義務付けることが有益である。

ウ　解約に伴う業務委託料の割合的支払い

　契約関係を解消させた場合，その時点で既に履行された部分についても代金を一切支払わないことは均衡を失することになる。

　そのため，委任契約においては，民法上，受任者は，自己の帰責事由なくして解除された場合には，既に履行した割合に応じた報酬を請求することが認められている（民法648条3項）。また，請負契約においても，判例は，既に行われた仕事の成果が可分であり，かつ，注文者が既履行部分の給付を受けることに利益を有するときは，請負人による既履行部分に応じた報酬請求権を認めており[48]，改正民法においてかかる判例法理が明文化されている（改正民法634条）。また，これらの場合において，請負人または受任者に損害が生じた場合には，民法上，注文者または委任者にその損害を賠償することを求めることが認められている（民法641条・651条2項）。

(2)　個別契約の解約条項に係る留意点

　個別契約の成立によって受託者が委託者に対して負うこととなる本業務の履行につき，委託者としては，受託者以外の取引先との関係等により，受託者以外の第三者にこれを履行してもらうことが望ましくなった，また，そもそも本業務の完成がもはや必要でなくなったというようなビジネス上の方向転換の必要性などが生じることがある。その際に，一度成立した個別契約について，これを委託者の側から任意に解約することができることとしておくことで，受託者との間の契約関係にある程度の柔軟性を持たせたいと考えることはありうる。その場合には，サンプル条項のように，自らに任意解約権を与える規定を盛り込むことが有益であろう。

---

[48]　最判昭和56年2月17日判例時報996号61頁等。

もっとも，その場合においても，受託者としては，委託者がいつでも任意に解約することができることとなってしまえば，自らの契約上の地位が不安定となり，本業務の履行によって得られる対価に対する期待も低くなってしまう。そのため，受託者としては，その解約について一定の猶予期間を設けることにより，予測可能性および対応期間をできる限り確保しておくこともあり得よう。また，受託者が業務を受託するために先行して投下した資本があり，これを業務委託料により回収することを予定しているような場合には，任意解約権を制限する条項を定めるか，または，以下の修正案のように委託者による任意解約に対して違約金を定めることも検討すべきである。

〈違約金を定める条項例〉

> 1．委託者は，いつでも，受託者に対して1か月前までに書面をもって通知することにより，個別契約を解除することができる。
> 2．委託者は，前項に基づき個別契約を解約する場合には，第3条第1項にかかわらず，当該解約日までに，受託者が既に遂行した本業務の割合に応じた業務委託料及び中途解約に係る違約金を支払わなければならない。
> 3．前項の違約金の額は，〇円とする。

(3) 民法改正による条項改定の要否

民法改正により特段改定すべき点は存在しない。

21 本契約の有効期間

> 第21条（本契約の有効期間）
> 1．本契約の有効期間は，平成〇年〇月〇日から平成〇年〇月〇日までとする。
> 2．前項の規定にかかわらず，期間満了日の〇か月前までにいずれの当事者からも書面による終了の申入れがなかった場合には，同一条件でさらに1年間更新されるものとし，その後も同様とする。

第3章　製造委託基本契約の解説

(1) 契約の有効期間条項に係る留意点

　本契約のように，これに基づき個別契約が別途締結されることによって個々の業務の受発注が行われることが想定されている継続的な契約では，契約の効力の発生時期およびその終了時期が定められることが一般的である（これを定めないこととした場合には，解除などによって契約が終了されない限り，永続的に効力を有することとなりかねない）。これを定めるにあたっては，委託者の側からは，受託者に対して本業務を委託することになった原因となる事業がどの程度継続することが見込まれているのか，受託者の側からは，本業務を受託するにあたって投下した資本を回収するためにどの程度の期間を有する予定なのかといった点が考慮されることになろう。

　また，上記のような要素を考慮した上で，ひとまず契約関係の区切りとなるべき終期を定めることはするけれども，本契約の存在が，双方にとって有益であり，これを終期を超えてさらに継続させたいと思う場合もあるであろうが，そのような場合には，以下の修正案のとおり，一定の意思表示が当事者の一方からなされない限り，自動的に更新されることとすることも実務では一般的であり，本条2項がこれに当たる。

　一方で，サンプル条項のように本契約が特段の異議がない限り自動更新されることとなっている場合，実際にその終期の間近になっても，契約時にそのような定めをしたことを失念してしまっていたために，本来望まない形で自動更新が行われてしまう可能性はありうる。その失念の理由としては，契約交渉および締結に臨んだ担当者が契約の有効期間中に異動により変更されてしまった，契約管理システムの導入など契約の管理体制が整っていなかったといったものが考えられよう。そのため，このような失念のおそれが払拭し切れず，かつ，必ずしも本契約の更新を必要と考えていないという場合には，普段取引先との契約に使用しているひな型にそう規定されていたからといって安易にそれを用いることとはせずに，以下のように，契約期間更新の余地を残しつつも，あくまでそれを一方当事者の意思表示にかかわらせるといった建付けも検討されるべきである。

〈申入れによる更新を定める条項例〉

> 1．本契約の有効期間は，平成○年○月○日から平成○年○月○日までとする。
> 2．前項の規定にかかわらず，期間満了日の○か月前までに一方の当事者から書面によって本契約を更新したい旨の申入れがあった場合に，当該書面の受領後1か月以内に受領当事者が書面により異議を述べなかった場合には，本契約は同一条件でさらに1年間更新されるものとし，その後も同様とする。

(2) 民法改正による条項改定の要否

民法改正により特段改定すべき点は存在しない。なお，改正民法施行後に自動更新条項により契約が更新された場合，契約終了までに契約を終了させないという不作為があることをもって，更新の合意があったと評価することができると考えられる。この場合には，更新後の契約には新法が適用されるという当事者間の期待があると考えられるため，更新後の契約には改正民法が適用される[49]。ただし，契約内容等により疑義が残る場合は，更新時に改正民法の適用があるか明確に合意しておくか，契約を締結し直すことが望ましい。

22 本契約および個別契約の解除

> 第22条 （本契約及び個別契約の解除）
> 1．委託者又は受託者が次の各号のいずれかに該当した場合は，当該委託者又は受託者の一切の債務は当然に期限の利益を失い，相手方は直ちに債務の全額を請求できるものとし，かつ相手方は，何らの催告なく直ちに本契約又は個別契約の全部又は一部を解除することができる。
> (1) 本契約又は個別契約に違反し，相手方が相当の期間を定めて催告したにもかかわらず当該期間内にこれを是正しないとき
> (2) 監督官庁より営業許可の取消し又は営業停止処分を受けたとき
> (3) 支払停止若しくは支払不能の状態に陥ったとき，又は，自ら振り出し若しくは引き受けた手形若しくは小切手が不渡り処分を受けたとき

---

49 一問一答383頁。

(4) 差押え，仮差押え，仮処分，競売，強制執行又は租税滞納処分を受けたとき
(5) 破産手続開始，民事再生手続開始，会社再生手続開始，特別清算開始又はこれらに類似する倒産手続開始の申立てがあったとき又は自ら申し立てたとき
(6) 解散，会社分割，事業譲渡又は合併の決議をしたとき
(7) 災害，労働紛争その他により，その資産又は信用状態に重大な変化が生じ，本契約に基づく債務の履行が困難になるおそれがあると客観的に認められる相当の理由があるとき
(8) その他前各号に準じる事由があるとき
2．委託者及び受託者は，前項各号に定める事由が生じた場合は，直ちに相手方に通知する。
3．委託者は，受託者が第1項各号に定める事由に該当したことにより個別契約の全部又は一部を解除したときは，第3条第1項及び第20条第2項の規定にかかわらず，当該個別契約に定める業務委託料の支払を免れるものとする。
4．第1項の解除は，第24条に定める損害賠償を妨げない。

(1) 法律の規定

　解除とは，有効に成立した契約を解消させ，契約の効力を失わせる旨の意思表示である。民法では，一定の場合に契約当事者の解除権（法定解除）を認めているため，契約で条項を設けていない場合でも，民法上の要件を満たせば，契約を解除することができる。

　業務委託契約に関連する民法上の規定としては，①相手方の債務不履行による解除（民法541条〜543条），②受託者の担保責任による解除（同法635条），③委託者の任意解除（同法641条），④委任者の任意解除（同法651条）等が存在している。

　最も使用されるのは，履行期が経過しても債務者が履行をしない場合の履行遅滞による解除であるが，履行遅滞を理由として解除するためには，相当期間を定めて履行の催告をすることが必要とされる（同法541条）。解除の効果として，既に生じた債権債務は消滅し，既に履行されたものについては原状回復することになる（同法545条）。また，解除権の行使は，損害賠償の請求を妨げない（同法545条3項）。すなわち，債権者は，債務者に対して，契約を解除した

上，契約どおりに履行がされていたならば得られたであろう利益（履行利益）を損害賠償として請求することができる。

(2) 契約による解除条項の修正の意義
ア 総論

契約当事者は，当事者間で合意することにより，自由に解除権を定め，または法定解除権を制限することができる（契約自由の原則）。契約で規定を設けていない場合であっても法定解除を行うことはできるが，実務上，法定解除をそのまま適用すると不都合が生じる場合がある。例えば，委託者が履行遅滞に基づく解除を行おうとする場合，受託者に対し，相当期間を定めて催告を行った上で解除の意思表示をする必要があるが，業務委託の内容および性質によっては，相当期間を待たずに他の業務委託先との間の取引に切り替える必要がある場合や，催告を行ってもそもそも履行が期待できない場合もある。また，受託者としても，債務不履行には至っていないものの，委託者が債務超過に陥っているなど今後の相手方の支払能力が懸念されるような場合には，早期に契約関係を解消できるようにしておく実益がある。そのため，実務上は，これらの要請に基づき，契約において解除権の要件および効果について具体的に定めておくことが一般的である。

イ 無催告特約

前述のように，履行遅滞解除の場合，催告と相当期間経過後の解除の意思表示という2度の通知をすることが煩瑣であるため，催告を要せず解除できる無催告解除特約が設けられることが多い。もっとも受託者としては，容易に治癒可能な解除事由であっても，治癒の機会を付与されることなく解除され，報酬を得る機会を逸してしまうという点において，無催告解除が不利益となることが多いため，慎重な検討が必要となる。なお，無催告解除特約を設けた場合であっても，原則として解除のためには意思表示が必要であるが（民法540条1項），一定の事由が生じた場合には当然に解除される旨を想定することも可能

である。前述のサンプル条項は，無催告解除特約の形で規定されている。

ウ　その他契約の継続が困難となる事由が発生した場合
　契約成立後に契約の継続が困難となるような事由が発生した場合に契約を速やかに解除することができるように解除条項を定めることが多い。契約解除事由としては，①監督官庁による営業の許可取消しや営業停止等の処分，②支払停止や手形不渡り（銀行取引停止処分），③差押えや倒産手続の申立て等，④解散や事業譲渡，合併等の組織再編，⑤労働争議や災害等が実務上よく用いられている。前述の条項例は，第16条1項1号～7号において，これらの事由を規定している。同8号のような包括的な事由を入れるかどうか，入れる場合の限定の要否については，慎重に検討すべきである。

エ　催告解除における相当期間の明確化
　解除に関する規定例として，催告解除（民法541条）の相当期間を具体的にしておくものがある。相当期間とは，債務の目的物の種類と量，債務者の住所と履行地との距離，交通機関の状態その他すべての事情を考慮して判断されるべきものとされている。そのため，契約当事者としては，実際に解除権を行使しようとする場合に，「相当の期間」を事前に測ることができず，結果的に長期の催告期間を設けざるを得ないことも多い。そのため，相当期間を明確にすることで，債権者は解除権を行使できる時期が明確になり，債務者は解除される時期について予測可能性が確保されることになる。この場合の条項例は，以下のとおりである。

〈催告期間を明確化した条項例〉

> 1．委託者又は受託者は，相手方が次の各号のいずれかに該当した場合は，何らの催告なく直ちに本契約又は個別契約の全部又は一部を解除することができる。
> (1) 本契約又は個別契約に違反し，相手方に対し催告したにもかかわらず14日以内に当該違反が是正されないとき

オ 損害賠償との関係

前述のとおり，債権者は，債務者に対して，契約を解除した上，履行利益を損害賠償として請求することができる。契約においてこれをそのまま規定した場合には確認規定になるが，契約により賠償範囲等を修正した場合については，後述**24**の損害賠償責任の箇所で論じることが妥当する。

(3) 民法改正による条項改定の要否

ア 総　　論

改正民法において，債務不履行解除に係る条項について，（従前の判例・実務上の解釈を明文化したに過ぎない点も含め，）多くの改正がなされたため，以下においては，当該改正点を概説し，それに伴う条項改定の要否について述べる[50]。

イ 債務者の責めに帰すべき事由

現行民法上，債務の履行が物理的あるいは社会通念上不能となった場合（履行不能），債権者が契約の解除を行うためには債務者の責めに帰すべき事由が必要と解されている（民法543条ただし書）。また，履行不能以外の債務不履行解除の場合においても，明文の規定は存在しないものの，履行不能の場合と同様，債務者の責めに帰すべき事由が解除要件と解されている[51]。しかし，債務不履行の状態にあるにもかかわらず，債務者の責めに帰すべき事由がない限り，債権者が契約に拘束され続けることになることは，債権者が適時かつ迅速な代替取引を行うことが困難となるなど不都合が生じること，債務の履行を得られない債権者を契約の拘束力から解放する解除制度の意義からすれば債務者の責めに帰すべき事由は必須の要件ではないこと等[52]が指摘されていた。そこで，

---

50 以下で述べる以外の債務不履行解除に係る改正点については，一問一答232頁〜233頁参照。
51 一問一答234頁。
52 一問一答234頁，部会資料68Aの25頁。

改正民法においては，債務不履行解除において債務者の責めに帰すべき事由を要求しないこととした（改正民法541条・542条）。

かかる点に関連して，契約実務上は前述のサンプル条項のように，解除条項において特段債務者の責めに帰すべき事由を要件としておらず，かかる規定を債務者の債務者の責めに帰すべき事由を不要とする趣旨であると解する場合には，民法改正により契約条項の改定は不要である。もっとも，かかる点を明確化しておくこと（「相手方の責めに帰すべき事由の有無を問わず」等の条項を追記すること）も検討に値する。

ウ　債権者の責めに帰すべき事由

現行民法においては，債権者（解除を主張する当事者）に責めに帰すべき事由がある場合に，解除が可能であるか否かについて，明文の定めがなかった。もっとも，債権者に責めに帰すべき事由がある場合にまで債権者を契約の拘束力から解放することとすれば，債権者は故意に債務の履行を妨げた上で契約の拘束力を免れることが可能になり，信義則および公平の観点から相当ではないとの指摘がなされ[53]，改正民法においては，債権者に責めに帰すべき事由が存在する場合には，債務不履行解除ができないこととされた（改正民法543条）。

かかる点に関連して，前述のサンプル条項を維持した場合，債務者（解除の主張を受けた者）が債権者に責めに帰すべき事由が存在するとして，契約の解除が認められない旨の主張がなされる事態が想定される。そこで，債権者の責めに帰すべき事由を問わず解除が可能である旨を明確にすること（「自らの責めに帰すべき事由の有無を問わず」等の条項を追記すること）も検討に値する[54]。

エ　催告解除の制限

現行民法上，履行期が経過しても債務者が履行をしない場合（履行遅滞解

53　一問一答235頁。
54　遠藤60〜61頁においても，かかる指摘がなされている。

除），相当期間を定めて履行の催告をすれば，契約を解除することができると規定されており（同法541条），明文上それ以上の要件を要求していなかった。しかし，判例上[55]，軽微な契約義務違反である場合や契約目的の達成に必須ではない付随的義務違反の場合には，契約の解除を認められておらず，債務不履行解除の制度は，契約目的の達成に支障がある場合に債権者を契約関係から解放して救済するものであるため，上記のような場合にまで契約関係を解消させることは相当でないとの指摘がなされていた[56]。そこで，改正民法においては，上記判例の考え方を催告解除の要件として明文化した[57]。すなわち，債権者は，「債務不履行が契約及び取引上の社会通念に照らして軽微であるとき」は，契約を解除することはできないとした（改正民法541条ただし書）。

　かかる点に関連して，前述のサンプル条項を維持した場合，第1号の催告解除について，債務者より，債務不履行が契約および取引上の社会通念に照らして軽微であり，契約の解除が認められない旨の主張がなされる事態が想定される。かかる場合において，上記サンプル条項の各解除事由は，「軽微」ではない場合を列挙したものであり，かかる債務者の主張は認められないという整理もなし得るが，軽微性の有無を問わず解除が可能である旨を明確にすること（「……民法541条ただし書にかかわらず，解除することができる。」等の条項を追記すること）も検討に値する[58]。

オ　無催告解除の拡大

　現行民法下においては，債務不履行解除を行う場合には，契約上特約のない限り，基本的に相当期間の催告が必要とされており（民法541条），明文で無催告解除が認められているのは履行不能解除（同法543条）と定期行為の債務の

55　大判昭和14年12月13日大審院判決全集7輯10頁，最判昭和36年11月21日民集15巻10号2507頁。
56　一問一答236頁。
57　一問一答236頁，部会資料68Aの22頁。
58　遠藤61頁においても，かかる指摘がなされている。

履行遅滞解除（同法542条）のみである[59]。しかし，それら以外の債務不履行解除であっても，債務者に履行の機会を与えても意味がない場合，履行不能解除等と同様に，無催告解除を認めることには実益がある点が指摘されていた[60]。そこで，改正民法においては，無催告解除制度を一本化し，かつ現行民法よりも無催告解除ができる場合を明文上拡大した。具体的には次のとおりである[61]。

① 債務の全部の履行が不能であるとき（改正民法542条1項1号）
② 債務者がその債務の全部の履行を拒絶する意思を明確に表示したとき（同項2号）
③ 債務の一部の履行が不能である場合または債務者がその債務の一部の履行を拒絶する意思を明確に表示した場合において，残存する部分のみでは契約目的を達することができないとき（同項3号）
④ 契約の性質または当事者の意思表示により，特定の日時または一定の期間内に履行しなければ契約をした目的を達することができない場合において，債務者が履行をしないでその時期を経過したとき（同項4号）
⑤ 前各号に掲げる場合のほか，債権者が前条の催告をしても契約をした目的を達するのに足りる履行がされる見込みがないことが明らかであるとき（同項5号）

かかる点に関連して，前述のサンプル条項においては，既に無催告解除事由が明文化されているところであるが，上記の改正民法下において新設された各

---

59 履行不能解除と定期行為の債務の履行遅滞解除について，無催告解除が認められているのは，催告によって債務者に履行の機会を与えても，債務者の履行が不可能であり，また履行がなされても契約目的はもはや達成できないからである（一問一答238頁）。
60 一問一答238頁，部会資料68Aの23頁。
61 なお，次の場合には，催告することなく，契約の一部を解除できる。
　① 債務の一部の履行が不能であるとき（改正民法542条2項1号）
　② 債務者がその債務の一部の履行を拒絶する意思を明確に表示したとき（同2号）
　もっとも，一部解除は，契約が可分であって，その一部のみを解消することが可能な場合を前提としているとされている（一問一答239頁）。

無催告解除事由を踏まえた解除事由を確認的に設けることも検討に値する[62]。

　また，債務者より，上記の各無催告事由に鑑み，未だ契約をした目的を達することができるため，解除が認められない旨の主張がなされる事態が想定される。かかる場合において，上記サンプル条項の各解除事由は，契約をした目的を達することができない場合を列挙したものであり，かかる債務者の主張は認められないという整理もしうるが，契約目的達成の可否を問わず解除が可能である旨を明確にすること（「……契約の目的を達成することができない状態にあるか否かを問わず，解除することができる。」等の条項を追記すること）も検討に値する[63]。

23　本契約終了時の取扱い

> 第23条（本契約終了時の取扱い）
> １．本契約が有効期間の満了その他の事由により終了した場合であっても，本契約の有効期間中に締結された個別契約については，当該個別契約が終了するまでの間，引き続き本契約が適用されるものとする。
> ２．第35条は，本契約終了後も３年間なお有効に存続するものとする。また，第８条第２項，第９条第３項，第13条，第14条，第16条第２項，第20条第２項，第24条，第27条，第28条及び第30条は，本契約終了後もなお有効に存続するものとする。

(1)　残存条項の意義

　残存条項を規定しておくことにより，契約の効力が消滅した後も，必要な条

---

[62] あえて明文化せずとも，改正民法に基づき解除は可能であろう。もっとも，改正民法下において新設された各無催告解除事由は，必ずしもあらゆる事案に妥当するものではなく，また，多分に規範的な定めとなっており，契約に盛り込む場合においてはより具体的な定めを検討する必要もあるだろう。なお，遠藤62～63頁においては，あえて規定せずともいわゆるバスケット条項（「その他前各号に準ずる事由」）によりカバーすることができる旨指摘している。
[63] 遠藤61頁においては，かかる指摘はなされていない。

項の効力を契約当事者間に及ぼすことができることになる。ここに残存条項の意義がある。

(2) 残存条項の対象とすべき条項

契約条項を契約終了後に残存させるべきか否かは，条項ごとに，当事者間の取引関係・意図，目的物，当事者の仕入れ先・顧客との関係等を総合考慮して判断する必要があるが，一般的には，以下の条項が残存条項の対象とされることが多い。

〈期限なし〉
・損害賠償責任（8条2項，9条3項，14条，20条2項，24条）
・製品に係る保証（13条）
・著作者人格権の不行使（16条2項）
・権利義務の譲渡禁止（26条）
・反社会的勢力の排除（27条）
・管轄裁判所（30条）

〈期限あり〉
・秘密保持（25条）

秘密保持義務の存続期間は，開示される情報の重要性，陳腐化するまでの期間，秘密管理の負担などを考慮して決められることになる。契約終了後3年，5年または10年とすることが比較的多いが，期限を定めないこともある。委託者としては無期限を主張することが多いが，受託者に厳格な管理体制を求めるのであれば，むしろ5年程度の合理的な期限を設けた上で，当該期間中の秘密管理を厳格に行うように申し入れるほうが望ましい場合もある。

(3) ノウハウ資料などの返還方法

ノウハウ資料などの秘密情報の返還方法については、後述**25**の秘密保持において解説する。

(4) 民法改正による条項改定の要否

民法改正により特段改定すべき点は存在しない。

24 損害賠償責任

> 第24条 （損害賠償責任）
> １．受託者は、本契約に違反した場合又は本業務に関連して受託者若しくは受託者の従業員の故意若しくは過失により委託者に損害を与えた場合には、委託者がこれによって被った損害を直ちに賠償しなければならない。
> ２．前項の規定は、受託者が本貸与品が滅失又は毀損した場合における、当該本貸与品に係る損害には適用しない。

(1) 法律の規定

ア　民商法上の原則

現行民法415条は、債務不履行による損害賠償について定めている。その要件は、ⅰ　債務不履行、ⅱ　債務者の帰責事由の存在、ⅲ　損害の発生、ⅳ　当該債務不履行と損害発生との間の因果関係である。

ⅰ　債務不履行

債務不履行については、履行遅滞・履行不能・不完全履行の3種類を含むと解されている。履行遅滞とは、履行期を経過しても債務者が債務を履行しない状態をいう。

履行遅滞が生じる時期は、①確定期限がある場合にはその期限が経過した時から（民法412条1項）、②不確定期限がある場合には債務者が期限の到来を

知った時から（同法412条2項），③期限の定めがない場合には債務者が履行の請求を受けた時から（同法412条3項）である。

履行不能とは，債務の履行が不可能な状態をいう。

不完全履行とは，債務の履行はなされたものの，それが債務の本旨に従ったものとはいえない状態をいう。

ⅱ 債務者の帰責事由の存在

債務者の帰責事由（「債務者の責に帰すべき事由」）については，明文では，履行不能について現行民法415条後段で規定されているのみであるが，実務上は，履行遅滞・不完全履行についても債務者の帰責事由の存在が要件となるものと解されている。

債務者の帰責事由とは，具体的には，債務者の故意過失または信義則上これと同視すべき事由を意味するものと解されている。ここに「故意」とは，債務不履行の発生を予見しながらあえて不履行となる事態を招来することをいい，「過失」とは，債務者の地位や職業などを考慮して社会通念上要求される程度の注意を欠いたために，債務不履行を生じるであろうことを認識しないことをいう。

信義則上債務者の故意または過失と同視すべき事由のうち，最も重要なのが履行補助者の故意過失である。伝統的通説は，履行補助者の故意過失と債務者の責任について以下のように分類して整理する。①債務者が自分の手足として使用する者（真の意味の履行補助者）の故意過失については債務者自身に故意過失があったのと同様の責任を負う。②債務者に代わって履行の全部を引き受ける者（履行代行者）については，㋐履行代行者の使用が法律または特約で禁じられている場合には履行代行者に故意過失がなくても債務者は全責任を負う，㋑履行代行者の使用が明文上許されている場合には（現行民法106条・625条2項・658条1項），債務者は履行代行者の選任または監督に過失があった場合のみ責任を負う，㋒上記㋐㋑のどちらでもない場合には債務者は①と同様の責任を負う。もっとも，最近では伝統的通説に対する批判も有力であり，債務者の帰責性が認められるかは事案ごとに判断されるため，上記分類はあくまで整理

として理解するのが妥当である。なお，商法では履行補助者の行為について債務者の責任を認める規定が存在する（商法560条・577条・590条・617条・766条など）ため，商法が適用される事業類型においては留意が必要である。

帰責事由の立証責任については，債務者の側で，自己に帰責事由のないこと，すなわち自己に債務不履行の発生についての故意過失または信義則上これと同視すべき事由が存在しないことを立証しなければ，損害賠償責任を負うことになるというのが判例の立場である。

ⅲ 損　　害

損害とは，債務の本旨に従った履行がなされたならばあったであろう財産状態と，当該債務不履行が存在したがためにそうなってしまった債務者の現在の財産状態との差を，金額で表したものと一般的に定義される。

契約条項を理解したり修正したりする上では，損害の分類を理解しておくことが有益である。

まず，財産的損害と精神的損害の分類がある。財産的損害は，債権者が現に受けた損失を損害ととらえる積極的損害と，当該債務不履行が存在しなければ債権者が得られたであろう利益（逸失利益）の喪失を損害ととらえる消極的損害とに分かれる。財産的損害だけでなく精神的損害も金銭により賠償される（慰謝料）。民法は，不法行為についてのみ精神的損害を賠償するとの明文規定を置くが（民法710条），この規定は債務不履行に基づく損害賠償にも類推適用されると考えられているため，債務不履行の場面でも精神的損害の賠償は認められうる[64]。

次に，債務が履行されたのに等しい地位を回復させる填補賠償と履行が遅れたことによる損害の賠償である遅延賠償の分類がある[65]。

さらに，債務の本旨に従った履行がなされていれば債権者が得られたであろ

---

[64] もっとも，企業間の取引上の債務不履行において精神的損害の発生およびその賠償が認められるケースはまれであろう。
[65] なお，改正民法415条2項は，債務の履行が不能であるとき，債務者がその債務の履行を拒絶する意思を明確に表示したとき，契約が解除されたか債務の不履行による契約の解除権が発生したとき，のいずれかの場合，填補賠償の請求ができることを定めている。

う利益を意味する履行利益と，契約が無効または不成立であるのにそれを有効と信じたことによって債権者が被った損害を意味する信頼利益の分類がある。

以上は損害を異なる視点から分類したものである。

iv　因果関係

因果関係については，現行民法416条が賠償すべき損害の範囲について規定している。同条１項は相当因果関係の原則を立言し，同条２項はその基礎とすべき特別の事情の範囲を示していると解するのが一般的である。すなわち，同条１項は当該債務不履行があった場合に，通常の事情のもとで通常生ずべき損害をカバーし，２項は特別の事情のもとで，当該事情についての予見可能性があったことを前提にして通常生ずべき損害をカバーしている。予見可能性の主体は債務者であり，基準時は債務不履行時とする理解が一般的である。「通常生ずべき損害」とは，その種の債務不履行があれば，通常発生するものと社会一般の観念に従って考えられる範囲の損害を意味する。ただし，どのような損害が「通常損害」にあたり，どのような損害が「特別損害」に当たるか，という点について，確立された基準が存在するとはいえず，個別の具体的な事情（契約の内容，当事者の属性など）を総合的に考慮して，通常損害か特別損害かの切り分けがなされているという状況である。

相当因果関係原則の例外の代表的なものとして，金銭債務の不履行に基づく損害が挙げられる。

金銭債務不履行に基づく損害額については，その履行遅滞によって生じた実際の損害額にかかわらず，不履行となった金銭債権の額と不履行の期間とを基準として，法定利率（民事では年５分（民法404条），商行為によって生じた金銭債務では年６分（商法514条））によって一律に計算され，債権者が実際上の損害がこれより多額であることを証明してもその賠償を請求することはできないし，逆に債務者が実際上の損害がこれより少額であることを証明して賠償責任を減免することもできない。もっとも，当事者間で法定利率以上の利率を約定した場合には，損害額は当該約定利率によって計算される。

また，金銭債務の不履行につき債務者は不可抗力をもって抗弁とすることは

できないため（民法419条3項），債務者による支払が不可抗力によって遅延したとしても，損害賠償責任を免れることができないのも，他の債務にはない大きな特徴である。

イ　その他の法律による規制

　特定商取引に関する法律は，特定継続的役務提供（特定商取引法41条1項），業務提供誘引販売取引（同法51条1項）について，損害賠償額の予定または違約金の定めを制限している（同法49条・58条の3）。

　また，損害賠償責任の制限や損害賠償額の予定・違約金に関する定めが著しく合理性を欠く場合は，独占禁止法の禁止する優越的地位の濫用に該当し得る。

　製造委託取引において，下請事業者が納品する商品の瑕疵の有無にかかわらず，下請代金から一定割合を損害賠償として差し引くとする条項は，下請法4条1項3号に抵触するおそれがある。

(2)　損害賠償の条項を設ける意義

　上記の民商法上の原則は，損害賠償責任について契約による条項を設けない場合に適用されるものであるが，合意により損害賠償の範囲を任意に定めることも原則として可能である。ただし，著しく一方当事者に不利益となる場合等においては，公序良俗（民法90条）や信義則（同法1条2項）に基づいて，契約で定めた条項が無効となることもある。

ア　帰責事由（責任の範囲）

　前述のように，民法上は，債務者は自らの債務不履行について故意または過失があった場合に損害賠償義務を負う。もっとも，特に受託者としては，受託業務の性質上全く過失なく遂行することが困難である場合や万が一の不履行により発生する損害額が甚大となることが想定される場合には，その責任範囲を限定するため，個別の契約において，軽過失を免責し故意または重過失の場合に限定することが考えられる。ただし，裁判例上，軽過失による減免責の条項

も個別の事情により無効とされる余地がある点には留意が必要である[66]。また，故意や重過失の場合を免責する条項を設けることは一般的に不当であると解されているため，無効であると判断される可能性が高い。この場合のサンプル条項は，以下のとおりである。

〈故意・重過失の場合に限定する条項例〉

> 受託者は，本契約に定める義務に違反した場合，故意又は重過失のある場合に限り，委託者に生じた損害を賠償する責任を負う。

イ 損害の範囲
i 損害の種類に関する条項

契約では，損害の項目によって損害賠償責任の範囲を拡張したり限定したりする条項を設けることも可能である。拡張する場合の例としては，判例上，債務不履行の場合には認められないとされる弁護士費用について賠償責任を負う旨の規定が考えられる。この場合の条項例は，以下のとおりである。

〈弁護士費用の賠償を含む条項例〉

> 受託者は，本契約の履行又は不履行に関して相手方に損害（弁護士費用を含む）を与えたときは，これを賠償するものとする。

ii 因果関係を限定する条項

前述のとおり，民法上の原則は通常損害および予見可能性のある特別損害が損害賠償義務の範囲である。もっとも，当事者間の契約においてこれを限定し，間接的に生じた損害や将来生じるであろう損害は含まない旨明記する条項を設

---

66 軽過失につき責任を負わない旨の貨物運送約款が無効とされた事例（大阪高判昭和38年10月30日判時369号42頁），運送事業者の過失による火災によって貨物が滅失した場合に，運送事業者の責任を免除する特約を無効とした事例（京都地判昭和30年11月25日下民集6巻11号2457頁）など。

けることができる。この場合のサンプル条項は，以下のとおりである。

〈損害賠償の範囲を限定する条項例〉

> 委託者又は受託者は，本契約の履行又は不履行に関して相手方に損害を与えたときは，これを賠償するものとする。但し，特別な事情によって生じた損害については，その予見可能性の有無にかかわらず，賠償する責任を負わない。

ウ　損害賠償額の予定・違約金
ⅰ　損害賠償額の予定に関する条項

　民法は当事者が債務不履行について損害賠償額の予定をすることができるとしており（民法420条1項），これにより債権者は損害の発生を証明せずに損害賠償を請求することができる。実務上，発生した損害の額について対立が生じることが少なくないため，債権者からすると損害額についての立証の負担を軽減するという利点がある。他方で，債務者としてもあらかじめ債務不履行があった場合の損害賠償額を把握することができるという点ではメリットがある。

　この条項を定めた場合，民法上は，実際に生じた損害が条項で定めた損害額と異なっていたとしても，増額請求も減額請求も認められず，裁判所もその額を増減することができないとされている（同法420条1項後段）。したがって，当事者としては，この条項を定めた場合には，上記メリットを享受できる一方で，債権者にとっては過小な賠償しか受けられないおそれがあるデメリット，債務者にとっては過大な賠償を強いられるおそれがあるデメリットが存在することになる。

　なお，債務者に帰責性がない場合にも予定された損害賠償請求が認められるか否かが問題となるが，裁判例は一貫して債務者の帰責事由を必要としている。

ⅱ　損害賠償額の上限に関する条項

　また，実務上は，損害賠償額の上限を設定する条項を規定することも少なくない。業務委託の場合には，受託者が受領した対価の額を上限とする規定が多

い。

　委託者としては，自社に生じうる具体的な損害を想定し，その上限で問題がないかどうかを検討すべきであるが，損害賠償額の上限の撤廃または引上げを求めた場合には，受託者としてもその責任の範囲（損害賠償リスクの大きさ）に対応して業務委託の対価の増額を求めることが想定される点に留意する必要がある。

　なお，上限の設定は，実際に生じた損害が設定した上限よりも低額の場合には実損害額を賠償すれば足りるという点において，損害賠償額の予定と異なる。この場合のサンプル条項は，以下のとおりである。

〈損害賠償額の上限を定める条項例〉

> 受託者は，故意又は過失により，本契約に定める義務に違反したときは，受託者に対して生じた損害を賠償する。ただし，その損害賠償額は，本契約に基づき受託者より受領した金額を上限とする。

　金銭債務の場合，法定利率を超える約定利率を定めることで，当該約定利率により損害賠償請求をすることができる（民法419条1項ただし書）。この場合のサンプル条項は，以下のとおりである。

〈約定利率を定める条項例〉

> 委託者が第〇条に定める金員の支払を怠った場合，委託者は受託者に対し，支払期日の翌日から支払済みまで，年〇分の割合による損害金を支払う。

ⅲ　違　約　金

　民法上，違約金は損害賠償額の予定と推定される（民法420条3項）。もっとも，あくまで違約罰であって，生じた損害は別途賠償請求できる趣旨である等，当事者が賠償額の予定と異なる内容のものであると証明すれば，損害賠償額の予定とは異なる意味における違約金として扱われる。損害賠償額の予定ではなく，別途損害賠償請求ができることを明確にする場合のサンプル条項は，以下

のとおりである。

〈違約金を定める条項例〉

> 受託者は，本契約上の義務に違反したときは，委託者に対して，違約金として金〇円を支払う。ただし，委託者に当該金額を超える損害が発生したときは，その超過額を請求することができる。

エ　他の損害賠償条項との関係

　本条の損害賠償請求の一般的な条項に加え，他の条項でも損害賠償について規定されることがある。本条のような損害賠償の条項において，法律上の原則を修正している場合に，本条の規定が他の条項の解釈においても適用されるかが問題となる。

　この点を明確にするために，本条との整合性について解釈の方法を定めた条項を入れておくと疑義が生じる危険性が低くなる。この場合のサンプル条項は，以下のようなものである。

〈他の損害賠償条項との関係を定める条項例〉

> 第〇項の規定は，第24条に定める損害賠償の請求を妨げない。

(3)　民法改正による条項改定の要否

ア　履行不能以外の債務不履行による損害賠償請求の要件の明確化

ⅰ　履行不能以外の類型における明文化

　現行民法においては，履行不能において，債務者に帰責事由がない場合には債務不履行に基づく損害賠償責任を負わない旨定められていたが，それ以外の債務不履行については同様の規定がなかった（現行民法415条）。

　もっとも，判例は，履行不能以外の債務不履行についても同様であると解しており，改正民法において，履行不能とそれ以外の債務不履行を区別することなく，債務者に帰責事由がない場合には債務者は債務不履行に基づく損害賠償

責任を負わないことが定められた[67]。

以上の制定経緯からすると、実務上の取り扱いに変わる点はなく、民法改正により特段改定すべき点は存在しない。

ⅱ 帰責事由の判断枠組みの明確化

現行法の文言からは、債務者の帰責事由の有無がどのような枠組みで判断されるかは明らかでなかったが、裁判実務においては、債務の発生原因となった契約に関する諸事情を考慮し、併せて取引に関して形成された社会通念をも勘案して判断されていた。

そこで、このような判断枠組みを明確化するため、改正民法415条1項は、債務不履行全般について帰責事由を「契約その他の債務の発生原因及び取引上の社会通念に照らして」判断することを明文化した。

「契約……及び取引上の社会通念に照らし」とは、契約の内容（契約書の記載内容等）のみならず、契約の性質（有償か無償かを含む）、当事者が契約をした目的、契約の締結に至る経緯をはじめとする契約をめぐる一切の事情を考慮し、取引通念をも勘案して、評価・認定される契約の趣旨に照らし、との意味であるとされる[68]。

かかる点についても、実務上の取り扱いに変わる点はなく、民法改正により特段改定すべき点は存在しない[69]。

ⅲ 帰責事由の主張立証責任

現行民法415条の条文構造からは、帰責事由の主張立証責任は、債権者にあるように読めるが、判例[70]は、帰責事由は債務者が帰責事由の不存在について主張立証責任を負うとしている。そこで、改正民法では、帰責事由の主張立証責任を明瞭にするため、1項ただし書において、帰責事由の要件を定め、判例に従い、帰責事由は債務者が帰責事由の不存在について主張立証責任を負う旨

---

67 一問一答74項。
68 部会資料75-3・3頁。
69 遠藤9頁は、「社会通念」が考慮され、予測可能性が阻害されることを防止するべく、目的条項などで契約の目的、背景等を明確化するべきという趣旨の指摘をしている。
70 大判大正14年2月27日民集4巻97頁。

明らかにしている[71]。

　この点についても，実務上の取り扱いに変わる点はなく，民法改正により特段改定すべき点は存在しない。もっとも，（現行民法下においても妥当する議論ではあるが）かかる立証責任の整理に配慮し，帰責事由に係る規定を本文ではなく，ただし書以下に規定することは検討に値する。

iv　債務の履行に代わる損害賠償に関する規定の新設

　現行民法において，填補賠償といった債務の履行に代わる損害賠償請求について，特段規定は置かれていない。もっとも，解釈上このような請求も当然認められているため，改正民法では，①債務の履行が不能であるとき（改正民法415条2項1号），②債務者がその債務の履行を拒絶する意思を明確に表示したとき（同項2号）[72]，③債務が契約によって生じたものである場合において，その契約が解除され，または債務の不履行による契約の解除権が発生したとき（同項3号）のいずれかの要件に該当するときには，債権者は債務の履行に代わる損害賠償の請求ができる旨の規定が新設された[73]。

　この点についても，実務上の取り扱いに変わる点はなく，民法改正により特段改定すべき点は存在しない。もっとも，（現行民法下においても妥当する議論ではあるが）かかる点を確認的に規定しておくことも検討に値する。

v　損害の範囲

　特別の事情によって生じた損害（特別損害）を債務不履行に基づく賠償請求に含められるか否かについて，現行民法は，当事者がその事情を「予見し又は予見することができた」か否かによるとしていた。

　しかし，裁判例においては，当事者が特別の事情を実際に予見していたといった事実の有無によるのではなく，当事者がその事情を予見すべきであった

---

[71] 一問一答74頁および75頁。
[72] 債務の履行を拒絶する意思の表示は明確に表示されることが必要であるので，単に履行を拒んだということだけではなく，履行拒絶の意思がその後に翻されることが見込まれない程度に確定的であることが必要である。
[73] 一問一答76頁。なお，この規定は不完全な履行がされたにとどまる場合の損害賠償請求権は射程に含んでいない。

といえるか否かという規範的な評価により特別の事情によって生じた損害が賠償の範囲に含まれるかが判断されていた。そこで、改正民法は、このような解釈を条文上も明確にするため[74]、当事者がその事情を「予見すべきであった」か否かによるとしている（改正民法416条2項）。

このように、改正民法は、従来、予見すべきであったかという規範的な評価がされていたのを明確にしたに過ぎないと考えれば、この点に関する契約実務への具体的な影響はないとも考えられる。もっとも、「予見すべきであった」という文言に変更されたことにより、実務において、予見可能性という事実の認定ではなく、規範的な側面に着目される場面が事実上増えることも想定される。規範的な評価により判断されると、賠償の範囲は、あくまでも当事者が予見すべきであったと客観的に評価される事情によって生じた損害に限定される。そうしたことも踏まえると、契約実務においても、債務者に対して特別の事情を「予見すべきであった」と容易に主張しうるようにするための工夫をすることが望ましく、契約の締結に至った背景や事情等をより具体的に契約書に明記することが望ましいこともあると考えられる[75]。

25 秘密保持

第25条　（秘密保持）
1．委託者及び受託者は、本業務に関連して相手方（以下、開示した当事者を「開示当事者」といい、開示を受けた当事者を「受領当事者」という。）から開示された一切の情報のうち、①開示時に当該情報が記載された書面又は電磁的記録において秘密である旨の表示が付された情報、②口頭又は視覚的方法により開示された情報のうち、開示後10日以内に書面又は電磁的記録により秘密の範囲が明示された情報及び③個人情報（以下総称して「秘密情報」という。）については、相手方の事前の書面による

---

[74] 一問一答77頁、部会資料79-3・12頁。
[75] 遠藤89頁も、目的規定を具体的に記載することについて提案している。また、情報の共有、協議対応条項を設けることも提案している。

承諾がない限り，第三者に開示若しくは漏洩し，又は本業務以外の目的に使用してはならない。但し，次の各号のいずれかに該当する情報は，秘密情報に含まれないものとする。
　(1)　開示当事者から開示された時点で既に公知となっていた情報又は開示された後に受領当事者の責によらずして公知となった情報
　(2)　開示当事者が開示を行った時点で既に受領当事者が保有していた情報
　(3)　受領当事者が第三者から機密保持義務を負うことなく適法に取得した情報
　(4)　開示当事者から開示された後に，開示された情報によらずに独自に開発された情報
2．前項にかかわらず，受領当事者は，法令，金融商品取引所規則又は行政機関若しくは裁判所の命令等によって開示を義務付けられた秘密情報については，これを開示することができる。この場合，受領当事者は，直ちに開示当事者に対してその旨を通知するものとする。
3．第1項にかかわらず，受領当事者は，自己（受託者においては再委託先を含む。）の役員，従業員又は弁護士，公認会計士若しくは税理士その他の法令上の守秘義務を負う専門家に対して秘密情報を開示することができる。この場合，受領当事者は，これらの者（法令上の守秘義務を負う者を除く。）をして，本条に定める義務と同等の義務を遵守させるものとし，これらの者が当該義務に違反したときは，当該義務違反は受領当事者の違反とみなして，その一切の責任を負うものとする。
4．受領当事者は，秘密情報が記載された書面又は電磁的記録に関し，施錠可能な場所への保管又はアクセス制限その他秘密情報の機密性を保持するために合理的な措置を講じるものとする。
5．受領当事者は，秘密情報の漏洩が生じた場合には，直ちに開示当事者にその旨を通知した上で，開示当事者の指示に従い，合理的な範囲内において，直ちに必要な調査，拡大防止措置及び再発防止措置を講じるものとする。
6．受領当事者は，本契約が終了した場合は，開示当事者の指示に従い，速やかに秘密情報が記載された有体物を返還又は廃棄するものとする。

(1)　法律による秘密の保護

　事業者の秘密を保護する法令として，不正競争防止法による営業秘密の保護が挙げられる。不正競争防止法は，「秘密として管理されている生産方法，販売方法その他の事業活動に有用な技術上又は営業上の情報であって，公然と知られていないもの」を「営業秘密」と定義し（同法2条6項），当該営業秘密

を不正な手段によって取得するなど一定の行為を不正競争に該当するものとすることにより（同条1項），営業秘密の保護を図っている。ただ，不正競争防止法上の保護を受けるには，当該情報が同法上の「営業秘密」に該当する必要がある。具体的には，①秘密として管理されていること，②事業活動に有用な情報であること，③公然と知られていないものであること，のいずれの要件も充足する必要がある。これらの要件を充足することについては，保護を求める側が立証しなければならない。

加えて，不正競争防止法による保護を受けるには，営業秘密を受領した者に「不正の利益を得る目的」がなければならないとされる場合もある（同法2条1項7号など）。この点についても，同法による保護を求める側（営業秘密を不正に利用された側）が，そのような目的が不正利用者に存在したことを立証しなければならない。そのため，同法に基づく保護を受けるためのハードルが高い場合もある。

以上のように，不正競争防止法が事業者の有する営業秘密について一定の保護を図っているものの，それだけでは不十分な場面も存在することが想定できる。それゆえ秘密保持条項が必要とされるのである。

ただし，契約の原案を提出する側としては，必ずしもこのような規定が必要ではないと考えられる場合，もしくは，それによって自らが本契約によって実現しようとしている（場合によっては別の）ビジネスに障害が及ぼされる可能性がある場合もありえよう。例えば，当事者の双方が，本契約に基づき相手方に対して開示することになるものと予想される情報の量や質に照らして，あえて法律以上の義務を双方に課してまでこれを保護する必要性に乏しい場合もあるであろうし，また，相手方から提供される情報は多いけれども，自身から相手方に対して提供される情報は極めて少なく，実質的に秘密保持条項によって義務を負うこととなるのは自らのみとなってしまう（自分で自分の首を絞めてしまう）こととなる場合も考えられる。こういった場合には，「契約書には必ず秘密保持条項を入れる必要がある。」などと硬直的に考えるのではなく，それを定めることによって，具体的にどのような情報を守りたいのかという点に

配慮した上で具体的に規定していくことが必要である。

　製造委託の場合は，一般的に，委託者から製品の仕様が提供されたり，指図がなされたりする際に秘密情報が受託者に開示されることが多いため，委託者としてはこれらの秘密情報が適切に保護されるように，実態に合わせて秘密情報の範囲や管理体制を規定しておく必要がある。しかし，共同開発に近いような場合には，受託者から重要な秘密情報が委託者に提供されることもあり得るため，受託者としてもこれらの秘密保持条項を規定しておく必要性がある。

(2)　秘密保持条項
ア　秘密情報の範囲

　まず「秘密情報」にはどのような情報が含まれるのかを明確にする必要がある。一般的に，情報開示者側の立場からは，自己が開示する情報が幅広く保護されるよう，秘密情報に含まれる範囲を広く規定する。情報受領者側からすれば自己の義務負担を減少させるために秘密情報の範囲を狭く規定する。また，秘密情報の範囲が不明確である場合には，情報受領者側としては保守的に広範囲の情報を秘密として管理しなければならなくなるため，秘密の範囲を具体的に特定する要請がある。秘密の範囲を特定する方法としては，開示資料において秘密である旨の表示がなされているものに限定する方法や，営業秘密が記録された媒体の名称や番号等によって特定する方法等がある。サンプル条項では，一定程度秘密情報の範囲が限定されている。

　もっとも，サンプル条項のうち，口頭または視覚的方法で開示された情報のうち10日以内に書面化されたものに限り秘密情報とする旨の規定は，情報開示者としては要注意である。大量の情報を口頭で開示することが想定される場合には，実務上10日以内の書面化が難しく，秘密情報の定義から外れてしまうおそれがあるからである。

　以上に対して，以下のように，秘密情報の範囲を包括的に定めることで，情報開示者に有利な秘密保持条項とすることも考えられる。

〈秘密情報の範囲が広い条項例〉

> 1．委託者及び受託者は，本契約の遂行により知り得た相手方の技術上又は営業上その他業務上一切の情報を，相手方の事前の書面による承諾を得ないで第三者に開示又は漏洩してはならず，本契約の遂行のためにのみ使用するものとし，他の目的に使用してはならないものとする。

イ　秘密保持義務の内容

　次に，秘密保持義務の内容を規定する。一般的には，①第三者への開示または漏えいの禁止，②目的外使用の禁止の両方を定める。①は情報受領者以外の第三者への流出を禁止する条項，②は情報受領者内部限りでの情報の転用であっても禁止する条項である。情報開示者の立場からすれば，業務委託契約に基づき開示した情報が，まったく無関係の他の機会に情報受領者に利用されてしまうことを防ぐため，②まで必要となる。

　また，秘密保持義務を負う主体の定め方として，上記のように，一方当事者が一方的に情報を開示することが予想されるような業務委託契約においては，他方当事者のみが秘密保持義務を負う条項を策定することが考えられるが，そのような片務的な内容を提示したとき，相手方から不公平感があるとしてその修正を要求されることは少なくないであろう。そのような場合には，そのようにあえて双務的な内容とはしていない理由についても，相手方に対して十分な説明を行った上で交渉に臨むことが必要となろう。

ウ　秘密保持義務の例外

　次に，秘密保持義務の例外が規定されることが多い。秘密保持義務の対象となる「秘密情報」に該当しない情報として，サンプル条項にもあるような類型が規定されるのが一般的である。

　また，情報受領者が，一定の範囲の役員や従業員に秘密情報を開示することを予定して，そのような者への秘密情報の開示を例外的に許容する条項が挿入されることがある。そのほか，リーガルチェック等を想定し，弁護士，税理士，

公認会計士等の法令上の守秘義務を負う専門職への開示を許容する条項が規定されることもある。

他方で，情報開示者に有利なように，上記例外を定めない例も存在する。

また，受託者としては，再委託に関する規定に基づき適切に再委託を行っている場合には，当然，本業務の履行のため，当該再委託先に対しても委託者から受領した情報を開示することが必要となる場合も想定される。さらに，本契約によって得た（秘密保持義務の課せられる情報が含まれうる）知見やノウハウを，グループ会社との間で共有したいと考える場合もあるであろう。そのため，このような場合には，秘密保持義務の例外として，そのような特定の第三者に対しての開示については対象外となる旨を定めておくことが望ましい。

エ　秘密情報の管理体制に関する規定

情報開示者には，情報受領者に合理的な管理体制の下で自己の秘密情報を管理させたいとの希望があるのが一般的である。サンプル条項に加えて，以下のような条項により，情報開示者に，情報受領者の情報管理体制を検査する権限を与える場合もある。

〈管理体制の検査を定める条項例〉

> 情報開示者は，必要に応じて，情報受領者の事業所等に立ち入り，情報受領者による秘密情報の管理状況を検査することができる。

立入検査権限まで与えない場合でも，定期的に情報管理体制や管理状況について報告させる方法，情報管理の責任者を情報開示者の側で指定する方法も考えられる。

かかる条項を設けることにより，秘密情報の流出を未然に防止することが期待できるほか，秘密情報の流出が疑われる場合において情報受領者の義務違反を立証する際に，しばしば困難が伴う秘密情報の漏えいの事実の立証ではなく，管理体制や報告の不備の立証で足りることになるというメリットも存在する。

オ　秘密情報の返還・廃棄

　契約が終了した段階で双方が保有する秘密情報につき，その処分方法を定める必要性も存在する。

　また，情報開示者に有利な条項として，契約終了段階だけでなく，情報開示者の請求があればその都度返還または処分をする義務を，情報受領者に負担させる方法も考えられる。

　委託者は，受託者に対し仕様の提供や技術指導においてノウハウ資料などを提供しているところ，契約終了後も受託者の手元に残ると，受託者は契約終了後もかかる委託者のノウハウ等の情報を利用することが可能となる。そのため，前述の本契約終了時の取扱いのとおり，契約終了後も秘密保持義務を存続させることが必要となるが，それだけではなく，漏えいや目的外利用を未然に防止するために，契約終了時に，一切の資料を返還または廃棄することを求めることが考えられる。また，かかる条項を設けておくことにより，相手方に情報の漏洩が疑われる場合において，時として立証に困難が伴う漏えい行為ではなく，資料保持（返還または廃棄の懈怠）を立証すれば義務違反を主張できるというメリットも存在する。受託者としても，契約期間に限ってノウハウ等の情報の利用を許諾されているのであるから，契約終了後はノウハウ資料等を返還ないし破棄し，当該情報を利用できなくなることについて，受け入れることができると思われる。

　ここで注意すべきは，返還ないし破棄の対象となる資料をどのように特定するかという点である。また，委託者としては，受託者が資料を複製して使用しているかどうかをどのように確認するかも問題となる。

　そこで，このような問題を回避するために，次のように，受託者に対し一切のノウハウ資料などの複製を禁止し，原本および複製をすべて返還させることなどが考えられる。

〈資料の返還に関する条項例〉

(1) 受託者は、本契約終了後○日以内に、秘密情報が記載された一切の資料（委託者の承諾を得て複製したものを含む）を、速やかに委託者に返還しなければならない。
(2) 受託者は、委託者が書面で同意した場合に限り、受託者において当該資料の一部を破棄し、その証明書を委託者に対し発行することで、前項による資料の返還に代えることができる。

(3) 民法改正による条項改定の要否

民法改正により特段改定すべき点は存在しない[76]。

26 権利義務の譲渡禁止

第26条（権利義務の譲渡禁止）
委託者及び受託者は、相手方の事前の書面による承諾がない限り、本契約若しくは個別契約上の地位又はこれらに基づく権利若しくは義務を第三者に譲渡し、担保に供し、又はその他の処分をしてはならない。

(1) 債権および債務ならびに契約上の地位の移転

債権の譲渡は、民法上、譲渡人および譲受人の合意のみによって行うことができ、債務者の承諾は不要とされている（民法466条１項）。もっとも、当事者（債権者および債務者）間において、債務者の承諾がない限り債権の譲渡を禁止する旨の合意（譲渡禁止特約）を行うことは可能（同２項本文）であり、実

---

[76] 遠藤193頁においては、改正民法599条３項が、貸与品の返還について、借主の原状回復義務等を定めたことに関連して、秘密情報として金型等の物自体が提供された場合において、返還時の通常損耗の取り扱いを定めておくことを提案している。なお、改正民法599条３項は、前述のとおり現行民法下の解釈を明文化したものであり、通常損耗に係る議論も、現行民法下においてもなされている議論であり、改正民法による影響を受けた議論とまではいえないと思われる。

務上も，取引関係・信頼関係のない第三者からの債権行使の回避等の観点から，譲渡禁止特約を定めることが一般的である。

　ただし，債権譲渡の禁止特約は，善意の第三者に対抗することはできない（同2項）。ここで「善意」とは，「善意かつ重過失がないこと」と一般的に理解されている。このような第三者が，債務者の承諾を得ないまま債権者から債権を譲り受けた場合，債権譲渡禁止特約にかかわらず，債権譲渡は有効とされる。

　債務の承継は，併存的承継と免責的承継に分かれる。

　併存的承継は，債務者と譲受人がともに債権者に対して債務を負担することとなるものであり，債権者の承諾がなくとも，債務者と譲受人の間の合意によって可能とするのが判例の立場である。

　これに対し，従前の債務者が債務の負担を免れ，譲受人のみが債務を負担することとなるのが免責的承継である。債務の免責的承継は，債務者の履行能力に変更が生じるという観点で債権者の利害関係に影響を及ぼすことから，債権者の承諾が必要であるとされている。また，契約上の地位の承継についても，契約法理上の帰結として，相手方の承諾が必要であるとされている。

　また，債権者が契約に基づく債権を担保に提供することは，原則として担保提供者と担保権者との間の合意のみによって行うことができ，債務者の同意は不要である。

(2)　サンプル条項

　以上を前提として，一方当事者が提示することが考えられるサンプル条項は，冒頭のとおりである。なお，前述の承諾は，書面によることを要しないのが原則であるが，実務上は，口頭による承諾の存否が争われることを回避するため，客観的な証憑となり得る書面による承諾がない限り，承諾の効力は生じない旨を定めることが一般的である。

　これに対し，他方当事者においては，本契約に基づく金銭債権等の担保提供（債権譲渡担保等）を予定しているケースがある。かかる場合には，本契約締

結後に相手方から承諾が得られない可能性を考慮し，予め譲渡禁止の対象から，当該担保提供を除外しておくことを検討する必要がある。その場合におけるサンプル条項は，以下のとおりである。

〈担保提供を認める条項例〉

> 委託者及び受託者は，相手方の事前の書面による承諾がない限り，本契約若しくは個別契約上の地位又はこれらに基づく権利若しくは義務を第三者に譲渡し，担保に供し，又はその他の処分をしてはならない。但し，受託者は，委託者の事前の書面による承諾なくして，委託者に対して有する債権を○○［金融機関等］に対して譲渡し，又は担保に供することができる。

(3) 民法改正による条項改定の要否[77]

ア 債権譲渡について

現行民法466条は，第1項で債権の自由譲渡性の原則を定め，第2項で「当事者が反対の意思を表示した場合」（譲渡禁止特約を定めた場合）には，この原則を適用しない旨を定めていた。そのため，譲渡制限特約が付された債権の譲渡は，第三者との関係でも無効であると一般的に解されていた。しかし，これが，中小企業等が自社の債権を譲渡して，資金調達を行うことを妨げる要因になっているとの指摘がされていた[78]。

そこで，改正民法466条2項において「当事者が債権の譲渡を禁止し，または制限する旨の意思表示（以下「譲渡制限の意思表示」という）をしたときであっても，債権の譲渡は，その効力を妨げられない。」と内容が変更された（なお，当該条項に基づく特約を，従前は一般に「譲渡禁止特約」と呼ばれていたが，実務上は，譲渡を「禁止」する場合のみならず，特定の条件の下でし

---

77 本書においては割愛するものの，遠藤98頁においては，代金債権の担保提供や流動化・証券化のための譲渡等を行うため譲渡制限特約を解除する場合の書式等についても，検討がなされている。

78 一問一答161頁。

か譲渡指定はいけないという「制限」を課す場合もあることから，改正民法下においては，「譲渡制限」特約と呼ばれることとなった[79]）。すなわち，従来の譲渡禁止特約に違反した場合，債権者が第三者に債権の譲渡を行っても，当該債権譲渡は無効であるとされていたが，本項によって譲渡制限特約に反する債権譲渡も，原則として，有効であり，例外的に，債務者の期待を保護するため[80]，譲渡制限特約を「知り，又は重大な過失によって知らなかった譲受人その他の第三者に対しては，債務者は，その債務の履行を拒むことができ，かつ，譲渡人に対する弁済その他の債務を消滅させる事由をもってその第三者に対抗することができる。」とされた（改正民法466条3項）。また，同466条の2において，譲渡制限特約が付された金銭債権の譲渡がなされた場合，債務者が弁済の相手方を誤るリスクを軽減するために[81]，債務者は「譲渡された金銭債権の全額に相当する金銭を債務の履行地」の供託所に供託することができることが定められた。

　このように，改正民法においても，取引関係・信頼関係のない第三者からの権利行使に対して，引き続き債務者の保護が与えられてはいるものの，譲渡制限特約に反した債権譲渡の効力が有効となってしまうことから，従前よりも譲渡制限特約に反した債権譲渡がなされてしまうリスクは高まるように思われ，かかる点の担保を図ることが重要であろう。すなわち，債権譲渡に関する従前の条項を改定する必要はないものと考えられるが，譲渡制限特約の抑止力を高めるという観点から，別途違約金や約定解除を可能とする等の定めを設けることにより対処することも検討に値する[82]。

79　一問一答162頁。
80　一問一答161頁。
81　一問一答161頁。
82　遠藤98頁も条項例の修正は必要がない旨指摘がなされている。また，譲渡禁止特約違反を理由とする契約の解除，違約金との相殺・差引計算等の特約の担保手段についても指摘されている。

イ　免責的債務引受について

　改正民法472条は，判例・通説の立場を踏まえて，現行民法で定められていなかった免責的債務引受の要件と効果を明文化した。同条2項は，免責的債務引受が債権者と引受人との契約により成立することができるが，債権者による債務者に対する「通知」をした時に効果が発生するとする。同項により免責的債務引受は，債務者の意思に反する場合でも認められることが明確にされた。また，同条3項は，免責的債務引受は，債務者と引受人との契約によってもすることができる旨を定めたが，債権者が債務者の交代によって不利益を被るおそれがあることから，この場合には，債権者の「承諾」が必要とする[83]。

　したがって，いずれにせよ免責的債務引受が成立ないし効果が発生するためには，債権者の関与は不可欠であるため，敢えて契約書上で担保をせずとも，その効力は生じるものではない。そのため，民法改正により特段改定すべき点は存在しない。

ウ　契約上の地位の移転について

　契約上の地位の移転は，現行民法において，規定は設けられていなかったが，事業譲渡等の場面において広く利用がされており，判例[84]や学説においてもその有用性は認められてきた[85]。そこで，改正民法539条の2において「契約の当事者の一方が第三者との間で契約上の地位を譲渡する旨の合意をした場合において，その契約の相手方がその譲渡を承諾した時は，契約上の地位は，その第三者に移転する。」と明文化された。

　したがって，改正民法は，契約上の地位の移転についての従来の考えを明文化したものにすぎないため，民法改正により特段改定すべき点は存在しない。

83　一問一答184頁。
84　最判昭30年9月29日民集9巻10号1472頁。
85　一問一答231頁参照。

27　反社会的勢力の排除

第27条　（反社会的勢力の排除）
1．委託者及び受託者は，相手方に対し，本契約締結日及び個別契約締結日において，暴力団，暴力団員，暴力団員でなくなった時から5年を経過しない者，暴力団準構成員，暴力団関係企業，総会屋等，社会運動等標ぼうゴロ又は特殊知能暴力集団等その他これらに準ずる者（以下総称して「暴力団員等」という。）に該当しないこと及び次の各号のいずれにも該当しないことを表明し，かつ将来にわたって該当しないことを確約する。
　(1)　暴力団員等が経営を支配していると認められる関係を有すること
　(2)　暴力団員等が経営に実質的に関与していると認められる関係を有すること
　(3)　不当に暴力団員等を利用していると認められる関係を有すること
　(4)　暴力団員等に対して資金等を提供し，又は便宜を供与するなどの関与をしていると認められる関係を有すること
　(5)　自己の役員又は経営に実質的に関与している者が暴力団員等と社会的に非難されるべき関係を有すること
2．委託者及び受託者は，相手方に対し，自ら又は第三者を利用して次の各号のいずれかに該当する行為を行わないことを確約する。
　(1)　暴力的な要求行為
　(2)　法的な責任を超えた不当な要求行為
　(3)　本業務に関して，脅迫的な言動をし，又は暴力を用いる行為
　(4)　風説を流布し，偽計を用い又は威力を用いて相手方の信用を毀損し，又は相手方の業務を妨害する行為
　(5)　その他前各号に準ずる行為
3．委託者及び受託者は，前二項に違反する事項が判明した場合には，直ちに相手方に対して書面で通知するものとする。
4．委託者及び受託者は，相手方が前三項に違反した場合には，直ちに本契約又は個別契約の全部又は一部を解除し，かつ，これにより自己に生じた損害の賠償を請求することができる。この場合，相手方は，当該解除により自己に生じた損害の賠償を請求することはできないものとする。

(1) 趣　　旨

　暴力団排除条項とは，暴力団等の反社会的勢力を取引から排除するための条項（以下「暴排条項」という）である。契約締結後において，取引の相手方が暴力団やその関係者であると判明した場合，事後的に契約を解除する根拠となることが本条項の趣旨であるが，かかる条項を相手方に提示することにより，反社会的勢力との取引を発生させないという予防的効果もある。

　なお，地方公共団体（都道府県はすべて）において，暴力団排除条例が施行され，企業に対し，契約締結時に確認義務や暴排条項を規定する努力義務に加え，誓約書の徴求を求める府県もある。

(2) 反社会的勢力の意義

　条項例に記載の定義は，警察庁の「組織犯罪対策要綱」に列挙されているもの（暴力団，暴力団員，暴力団準構成員，暴力団関係企業，総会屋等，社会運動等標ぼうゴロ，特殊知能暴力集団等）に準じた記載例である。

　「自己の役員又は経営に実質的に関与している者」と定めているのは，隠れフロント企業などでは，むしろ法人内部の役員等の属性のほうが問題となりやすく，役員等の幹部についての不該当確約・表明が重要となるためである。

　また，「暴力団又は暴力団員と社会的に非難されるべき関係を有している」とは，たとえば，相手方が暴力団員であることをわかっていながら，その主催するゴルフ・コンペに参加している場合，相手方が暴力団員であることをわかっていながら，頻繁に飲食を共にしている場合，暴力団員が関与する賭博等に参加している場合をいうとされている[86]。条例によって，内容が異なることから，自社および相手方の本店所在地の条例を確認したうえで，定義を定めることが望ましい。

86　警視庁ウェブサイト「東京都暴力団排除条例Q＆A」。

第3章　製造委託基本契約の解説

(3)　民法改正による条項改定の要否

　民法改正により特段反社会的勢力の排除に係る条項について，特有の改定すべき点は存在しない。なお，損害賠償や解除に係る民法改正の影響を本条にも反映させることが考えられるため，前述の**24**損害賠償責任および解除に係る解説箇所を適宜参照いただきたい。

28　不可抗力

> 第28条　（不可効力の免責）
> 1．天災その他の不可抗力事象が生じた場合，かかる事象の影響を受けた当事者の契約義務は，不可抗力によって生じた遅延の期間中は当然に一時停止されるものとし，これに関する債務不履行は生じないものとする。
> 2．前項に規定する天災その他不可抗力事象とは，地震，台風，水害，火災，戦争，内乱，流行病，ストライキ，政府又は公的機関の行為など，当事者が予見不能で，管理・対抗することができない一切の事象であり，当事者の責に帰すべき事由でないものをいう。

(1)　不可抗力に係る条項の留意点

　不可抗力とは，天災地変や戦争等のように売主がコントロールを超えた事象や，いずれの当事者の責めにも帰すことのできない自然現象や人為的現象をいう。業務委託契約において，サンプル契約28条よりも広く不可抗力を規定する場合は，以下のような事由が列挙されることもある。

> 受託者が納期までに製品を納品できないことが，天災地変，戦争，内乱，ストライキ，原材料の調達困難，仕入先の債務不履行，輸送手段の利用困難，事務所・工場の火災，経済情勢の著しい変動，電力供給の逼迫，通信回線の事故，法令の改廃・制定，その他の不可抗力による時は，その事由が継続する期間に限り，受託者は遅滞の責を負わない。

　列挙した事由が発生した場合は不可抗力事由に形式的に該当することになり，

不可抗力ではないと主張する者が，相手方の支配下にあったことや相手方に帰責事由があることを立証しなければならないと考えられる。列挙されていない事由が発生した場合は，逆に，不可抗力であると主張する者が立証責任を負うことになると考えられる。

したがって，どのような事由を列挙するかは契約書作成の際に注意を払うべきである。業務委託契約においてよく問題になるものに，ストライキや仕入先の債務不履行がある。ストライキなどの労働争議は，契約当事者にもその責任の一端があることもありえ，コントロールできる範囲内だといえる場合も多いと思われる。また，原材料の調達困難や仕入先の債務不履行も，委託者の立場からすると，他のメーカーから仕入れて製品を完成したうえで納品してもらいたいということになるが，受託者としては複数の調達先や仕入先を確保するのは経済的ではないので，不可抗力にしたいということになり，どちらがこのリスクをとるかの交渉になる。

また，地震などの自然災害であってもすべて不可抗力が適用されて免責となるわけではない。阪神淡路大震災において，改築を繰り返していたホテルの倒壊事案において，ホテル側に建築上の瑕疵があったとして不可抗力の抗弁が認められなかったものがある。なお，金銭債務の不履行については，債務者は不可抗力を理由にして損害賠償責任を免れることはできないとされている（民法419条）。

不可抗力事由に該当すれば，債務者は責任を免れ，債権者は不可抗力事由が継続している間はその履行を待つことになる。それでは，実務上支障があるため，次のように一定期間継続する場合には契約を解除できる規定を入れることもある。

〈不可抗力事由により解除を認める条項〉

> 受託者は当該事由の発生とその状況を直ちに委託者に通知するものとし，当該事由が90日以上継続した場合は，委託者は解約料の支払いその他の責任を負うことなく，本契約を解除できる。

(2) 民法改正による条項改定の要否

民法改正により特段改定すべき点は存在しない[87]。

29　協　　議

> 第29条　（協議）
> 本契約及び個別契約に定めのない事項又はこれらの解釈に関する疑義については，委託者受託者双方が誠意をもって協議して解決するものとする。

(1) 協議に係る条項の留意点

商取引においては，当事者が合意していない事象が生じたり，合意した条項に疑義が生じたりすることがしばしば発生する。特に，基本契約においては，契約期間が長期にわたることが想定されるため，契約締結時には想定していなかった事態が生じることが少なからず存在する。かかる場合においても，当事者間の信頼関係維持および訴訟費用の発生回避のために，直ちに訴訟を提起するのではなく，まずは各当事者間で誠実に協議すべき義務を定めることが多い。

もっとも，かかる条項がなかったとしても，契約書に定めのない事項や各条項の解釈が問題となった場合には，通常当事者が問題に対処するために協議するのは一般的である。また，かかる条項が定められている場合であっても，疑義等が生じた場合には，各当事者は自己に有利な解釈を互いに主張することが

---

[87] 遠藤76〜81頁においても，改正民法による影響を詳細に分析しつつも，条項自体の改定は不要である旨指摘がなされている。

容易に想定され，そのために当事者間で合意に至らない場合には結局紛争に発展することになる。

したがって，本条項を定める法的意義は乏しく，むしろ，疑義等が生じることが予見される条項については，予めこれを契約書に明確に定めておくことを検討すべきである。

(2) 民法改正による条項改定の要否

民法改正により特段改定すべき点は存在しない[88]。

30　紛争解決

> 第30条（紛争解決）
> 1．本契約及び個別契約の準拠法は日本法とする。
> 2．本契約及び個別契約に関する一切の紛争については，○○地方裁判所を第一審の専属的合意管轄裁判所とする。

(1) 準拠法条項

準拠法とは，裁判等において契約の内容を法的に解釈する際，どの国の法律

---

[88] 現行法の下においては，当事者が権利をめぐる争いを解決するための協議を継続していても，時効の完成が迫ると，完成を阻止するためだけに訴訟の提起や調停の申立てなどの措置をとらざるを得ず，当事者間における自発的で柔軟な紛争解決の障害となっていたところ（一問一答49頁），改正民法では，当事者間において権利についての協議を行う旨の合意が書面または電磁的記録によりされた場合には，時効の完成が猶予されるとしている（改正民法151条）。もっとも，実際にかかる書面等を作成しようとした場合において，相手方が当該書面等の作成を拒否し，当該規定の適用を受けることができない場合も想定される。そこで，（協議に係る条項の箇所に設けるか否かは，なお検討を要するものの，）当該書面等の作成を義務付ける条項を設けることが考えられる。ただし，かかる規定を設けたとしても，その実効性の確保は，損害賠償規定等の他の規定により間接的に担保されるに留まるようにも思われ，かかる条項を設けることの要否は今後の実務上の対応の集積を見て判断する必要もあろう。

第3章　製造委託基本契約の解説

に基づいて契約を解釈するかについての規律である。準拠法は，原則として国際私法上の定めによって決定されるが，当事者の合意によって定めることも可能である。

　日本国内の当事者同士が契約を解釈する際は，準拠法は当然日本法ということになる場合がほとんどであり，準拠法の定めは規定されていなくとも特段差し支えはない。多くの場合に問題となるのは，国際当事者間で契約を締結する場合である。当事者は，自国の法律しか知らない場合が多く，相手方の国の法律が適用されることには強い不安を覚えることが多いため，しばしば両当事者が主張を譲らないことも多い（COLUMN「海外企業との業務委託契約」（163頁）参照）。

(2)　管轄条項
　ア　管轄の種類

　契約の内容に関して紛争が生じた場合，裁判所に対し訴えを提起することになるが，いずれの裁判所に訴えを提起すべきか，特定の事件においていずれの裁判所が裁判権を行使することができるかという点に関する定めを管轄という。

　管轄は，様々な分類がなされているが，代表的な区分としては，あらかじめ法律によって定められている法定管轄と，当事者の合意によって定められる合意管轄に分けられる[89]。

　管轄は，一見すると手続の問題であって，実際には問題とならないように思える。しかしながら自らにとって不利な管轄が定められた場合，交通にかかる費用や時間など大きな負担を強いられることになりかねないため，一定の注意をする必要がある。

　イ　法定管轄

　法定管轄は，①行使される裁判権の内容（職分管轄），②事件の内容（事物

---

[89]　法定管轄以外の管轄としては，合意管轄の他にも指定管轄・応訴管轄が存在するが，本書では契約関係を主眼としているため，ここでは説明を割愛する。

管轄），③裁判所の所在地（土地管轄）に応じてさらに分けられている。

① 職分管轄は，裁判所が行う職務の種類に基づいて規定された管轄であり，人事訴訟を処理する権限が家庭裁判所に付与されていること（裁判所法31条の3第1項2号）や，第一審の裁判権を地方裁判所または簡易裁判所を有すること（裁判所法7条1号・16条1号・24条1号）などが職分管轄である。職分管轄は，当事者の合意によっても変更することはできない。
② 事物管轄は，第1審訴訟手続を簡易裁判所と地方裁判所のどちらに分担させるかの定めをいう。事物管轄は，原則として訴額を基準として判断がなされ，訴額が140万円以下の事件の第一審の裁判権が簡易裁判所に付与されていること（裁判所法33条1項1号），訴額が140万円を超える事件および不動産に関する事件の第一審の裁判権が地方裁判所に（裁判所法24条1号），それぞれ付与されている。
③ 土地管轄は，原則として，被告の住所または主たる事務所・営業所の所在地を基準として決定される（普通裁判籍）。ただし，一定の訴訟については，事件の内容や当事者の利益を考慮して，事件に関連する土地を管轄する裁判所にも裁判権が付与されている（特別裁判籍）。

ウ　合意管轄

法定管轄については，職分管轄など特定の裁判所のみに特に管轄を認めているもの（専属管轄）を除き，当事者の合意により，これを変更することができる（合意管轄）。

合意管轄は，①書面または電磁的記録により，②第一審に限り，③一定の法律関係に基づく訴えに関して，④特定の裁判所に管轄権を付与する旨を合意することによりその効力が生じる（民事訴訟法11条）。したがって，合意管轄を定める場合には，契約書において管轄裁判所を定めると共に（①），管轄裁判所に関する条項においては，第一審に限る旨（②）および「当該契約に関する紛争」に関する管轄裁判所を定める旨（③）を明記する必要がある。

また，合意管轄には，付加的合意（法定管轄以外の裁判所に付加的に管轄権を付与する合意）と専属的合意（法定管轄にかかわらず合意した裁判所のみに管轄権を付与する合意）が存在する。そのいずれかである旨を明記しなかった場合には，付加的合意と専属的合意のいずれであるかを解釈により決定されることになるが，裁判例上は，原則として付加的合意と解釈すべきであると判断した裁判例と，原則として専属的合意と解釈すべきであると判断した裁判例がそれぞれ存在する。したがって，契約書においては，不明瞭な記載をすべきではなく，付加的合意と専属的合意のいずれであるかを明記しておくべきである。

　なお，事物管轄および土地管轄については，原則としていずれも合意管轄により定めることが可能であるが，特定の裁判所の本庁または支部の別や，特定の裁判官を定めることは認められていない。

(3)　サンプル条項

　以上を前提として，日本企業同士の契約における準拠法および管轄裁判所に関する条項は，前述のとおり定めることが一般的である。その上で，一方当事者が契約書案を提示する場合には，日本法を準拠法とし，自己の本店所在地を管轄する裁判所を管轄裁判所として定めることが考えられる。

　自らの本店所在地が相手方当事者の本店所在地から離隔している場合には，自己の本店所在地またはその近隣地を管轄する裁判所に変更するか，または管轄裁判所に関する条項を削除することを検討する必要がある（後者の場合には，法定管轄に従って管轄裁判所が定められることになる）。

(4)　民法改正による条項改定の要否

　民法改正により特段改定すべき点は存在しない。

COLUMN　　　海外企業との業務委託契約

留意事項

　海外企業との業務委託契約（以下「国際業務委託契約」という）においては，委託者としては，国内企業同士の場合に比べて，より委託する業務内容を詳細かつ明確に規定し，当事者間で誤解や疑義が生じないようにする必要がある。国が違うことによって，当該業務に関係する法令や業界慣行も異なってくるため，契約文言上は合意できていても，実際に業務を行ってみると理解が異なっていたということが生じうる。

　また，委託者から受託者へのコントロールが国内に比べて難しくなるため，報告や監査の規定も，より具体的かつ実効性のある形にしておくべきである。再委託についても，これを認めるとコントロールがより困難になるためなるべく避けるべきである。

　さらに，準拠法を日本法にしたとしても，現地法における強行的適用法規（日本法における下請法，労働基準法，知的財産法のように，準拠法とは無関係に一定の事案に常に適用される法規）によって，契約条項が無効になったり，一部強制執行できなくなったりすることもありうるので，注意が必要である。

　以下においては，国際業務委託契約における紛争解決条項について解説する。

準拠法

　国際業務委託契約においては，準拠法（契約解釈の基準となる法律）を予め定めるべきである。国際業務委託契約の場合，下請けとして現地企業に製造委託する場合は委託者の母国法が，コンサルタントや調査会社等にサービスを委託する場合は受託者の母国法が，それぞれ準拠法になることが比較的多いといえる。

　準拠法については，各当事者とも自国法を主張して譲らないことも少なくない。この場合に，①第三国の法律を準拠法とする，②仲裁を申し立てられたまたは訴訟を提起された当事者の所在地国の法律を準拠法とする，③準拠法を定めない，という対応がありうる。

　①の場合，当事者とまったく関係のない第三国の法律を準拠法とすることは，当該第三国の法律に精通していない限り一定のリスクがあり，また，たとえば管轄を自国での仲裁や裁判にした場合に，第三国の法律が正しく適用されるか否かにつき不安が残ることに注意が必要である。②については，仲裁申立てや訴訟提起がない

場合の準拠法が不明であり，話合いによる解決基準にならず，また，当事者相互に仲裁申立てや訴訟提起を行った場合の準拠法をどうするかの問題があり，避けるべきである。③の場合，準拠法は，各当事者の属する国際私法に従いケース・バイ・ケースで決定されることとなり，準拠法が決まるまでに多くの時間や費用がかかることになりかねない。

なお，準拠法条項で主として定めうるのは実体法であるが，後述のとおり紛争処理手段として仲裁を選択すれば仲裁手続についても当事者が定めることができる。これに対し，裁判を選択した場合，手続法については裁判管轄地の法律によることとなり，当事者が自由に定めることはできない。

準拠法条項のサンプルは，以下のとおりである。

> 本契約の成立，効力，解釈および履行は，日本法に準拠するものとする。

裁判と仲裁

国際業務委託契約の場合，裁判と仲裁のいずれを選択すべきかについては，日本企業同士の契約の場合とは異なる考慮が必要である。

国際業務委託契約にかかる紛争においては，裁判と比較した場合，仲裁には，上述の点に加えて，各当事者の母国間の司法制度の相違をある程度克服できる，判断の承認・執行が容易である，という大きなメリットがある。

各当事者の母国間の司法制度の相違をある程度克服できるという点については，裁判であれば管轄裁判所の存する国の訴訟手続に従うこととなるため，いずれの当事者も自国の裁判所を管轄裁判所とすることに固執し交渉が難航することがある。これに対し，仲裁であれば手続は原則として当事者の選択した仲裁規則と当事者間の合意により定まるので，裁判に比して当事者双方の意向を反映した柔軟な手続をとる余地が大きい。

判断の承認・執行が容易であるという点については，裁判では，判決の承認・執行についての多国間条約はなく，ある国の判決が他の国で承認・執行されるかは基本的に当該他の国の国内法に委ねられている。たとえば，中華人民共和国における判決について日本の裁判所が承認せず日本における執行を認めなかった裁判例があり，反対に，日本における判決について中華人民共和国が同国における承認および執行を認めなかった事例もある。したがって，中華人民共和国の企業を相手方とする国際業務委託契約において紛争処理方法として裁判を定めたとしても相手国において執行できる可能性は低い。アジア新興国の多くについても同様である。これに

対し，仲裁については，「外国仲裁判断の承認及び執行に関する条約」（いわゆる「ニューヨーク条約」）等の多国間条約があり，相手方が加盟国の企業であれば相手国において比較的容易に仲裁判断の承認および執行が得られる（中華人民共和国をはじめ多くの国が同条約に加盟している）。

　以上の国際的な紛争における仲裁のメリットを考慮すると，国際業務委託契約においては一般的に仲裁のほうが裁判よりも好まれる傾向にある。

紛争処理ルールおよび紛争解決地
〔仲裁の場合〕
　国際業務委託契約の紛争処理方法として仲裁を選択した場合，準拠すべき仲裁ルールおよび仲裁地を指定すべきである。

　仲裁ルールについては，仲裁機関を利用して当該機関のルールを選択する場合と，仲裁機関を利用せずに強行法規と自主ルールに則って仲裁を行う場合がある。仲裁手続を円滑に進めるためには仲裁機関を利用するほうが望ましい。仲裁機関については，国際的に定評のある仲裁機関を選択することが，質の高い仲裁人の確保の点で無難である。

　次に，仲裁地の選択が問題となる。仲裁地とは，必ずしもいずれの国で仲裁手続を行うかということではなく，いずれの国の仲裁法が適用されるかという概念であるが，実際には仲裁地において仲裁手続を行うことが通常であるため，仲裁地については，裁判管轄と同様，各当事者が自国に固執して折り合わない場合がある。この場合の落とし所としては，①仲裁を申し立てられた当事者の所在地を仲裁地とする方法，または②第三国を仲裁地とする方法が考えられる。第三国としては，シンガポールや香港が指定されることが多い。この場合の一般的な留意点としては，仲裁地をニューヨーク条約の締結国としておくことなどが挙げられる。

　以上を前提として当事者間で合意する仲裁条項（仲裁地につき上記①で合意した場合）は，以下のとおりである。

> 本契約からまたは本契約に関連して，当事者の間に生じるすべての紛争，論争または意見の相違は，国際商業会議所の仲裁規則（the Rules of Arbitration of the International Chamber of Commerce）に従って，同規則に基づき選任された1名またはそれ以上の仲裁人により最終的に解決されるものとする。仲裁地は，被申立人の国とする。

第3章　製造委託基本契約の解説

〔裁判の場合〕

　裁判の場合，管轄（どの国のどの裁判所に訴訟を提起すべきか）を決めるべきである。管轄の合意については，本章30(2)ウで前述したのと同様に，専属的管轄の合意と付加的管轄の合意がある。もっとも，日本の企業同士の業務委託契約の場合と異なり，国際業務委託契約の場合，専属的管轄の合意は一定の要件（当事者の合意した裁判所がそもそも裁判権をもっていること等）を満たす場合に限り効力を有する点に留意が必要である。

　国際業務委託契約における管轄についても，やはり，いずれの当事者も自国の裁判所を専属的合意管轄裁判所とすべきと主張することが多いと思われる。

　この場合の落とし所としては，①訴えられた当事者の所在国の裁判所を専属的合意管轄裁判所とする方法，または②第三国の裁判所を専属的合意管轄裁判所とする方法が考えられる。しかし，②については，第三国で判決を得てもその判決が被告の所在国で承認・執行されるかとの問題があるので，①のほうが望ましい。なお，管轄地の国内に強制執行できる相手方の資産がなければ，勝訴判決を得た後に相手方の所在地国で外国判決の執行のための承認手続をとる必要がある。そのような場合，裁判所の信頼性の問題がなければ，最初から相手方の資産がある国を管轄地にしておいたほうが効率的なこともある。

　なお，①について合意した場合の管轄条項は，以下のとおりである。

> 本契約に関連して生じる一切の紛争については，受託者が提起した場合は日本国○○地方裁判所を第一審の専属的合意管轄裁判所とし，委託者が提起した場合は○○国○○市の○○裁判所を第一審の専属的合意管轄裁判所とする。

役務提供型の業務委託契約の解説

　役務提供型の業務委託契約の場合は，製造委託の場合に比べて比較的シンプルな契約が締結されることが多い。しかし，成果物が存在しなかったり，存在したとしても抽象的にしか合意されていなかったりすることが多いため，かえって紛争になりやすいという面もある。委託者と受託者との間で，対象となるサービスの内容や水準について認識の違いが生じやすいので，業務内容と対価の支払方法については，実際の業務プロセスをしっかり把握しながら，具体的に規定することが求められる。

　巻末のサンプル契約は，食品メーカーが調査会社に対して市場調査に関する調査を委託することを目的とした業務委託契約を想定している。継続的な取引を予定していないため，基本契約の形にはなっていない。

　以下においては，製造委託の場合と比べて役務提供型に特徴的な条項について解説する。それ以外の条項については，製造委託契約の解説を参照されたい。

1 業務内容

> 第2条 （委託内容及び対価）
> 1. 委託者が受託者に委託する本件業務の内容，納品物及び対価（委託料）は以下のとおりとし，委託者は受託者に対し，当該対価を第10条（支払方法）に定める支払方法に基づき支払うものとする。
>
> (1) ○の利用調査
>   納品期日：平成○年○月○日
>   納品物：○
>   金額：○円（消費税別）
> (2) ○を利用した購買調査
>   納品期日：平成○年○月○日
>   納品物：○
>   金額：○円（消費税別）
>
> 2. 受託者は，本件業務を遂行するにあたり，委託者と緊密に連携して誠実かつ積極的に受託業務を遂行するものとする。

(1) 業務内容の特定

役務提供型の場合，業務内容の特定が製造委託と違って成果物が存在しないこともある。本サンプルのように，市場調査を委託する場合であっても，成果物の納品の規定があり，検収に合格した物に対して対価が支払われる場合は請負契約であると解される。それに対して，単に調査の実施のみを目的とし，成果物の納品が予定されていない場合は準委任契約であると解される。中間的なものとして，成果物の規定はあるが，単なる報告として求められているだけで，対価の支払いとリンクしていない契約もある。そのような場合は，業務の実施に対して対価が支払われることになり，仮に委託者が受託者の納品した成果物に満足できなくても，直ちに債務不履行にはならないと解釈されることが多い。

業務内容の規定は，当事者間で行われる業務の詳細を確認する規定であり，ビジネス上重要であるのはもちろんのこと，業務委託契約の法的性質を決める意味でも大変重要な規定となる。実務上は，当事者間においては法的性質についての意識が薄く，規定の仕方が不明確であるため後日紛争になることも多い。契約締結時には業務内容の詳細が決まっておらず別途協議して決定すると規定することがあるが，委託業務の開始が先行してしまい，決定しないままに業務が進んでしまうことがあるので，別途協議にする際には注意すべきである。

　また，「その他○○に関連する業務」のような規定もよく見かけるが，「関連する業務」「必要な業務」のような包括規定を設けると，業務の範囲をめぐって紛争が生じやすい。なるべく業務を具体的に限定して列挙すべきである。

　成果物がない場合は，委託業務の範囲がどこまでなのか，委託業務の終了時期がいつなのかなどが争いになることがある。これらが明確に規定されていないと，委託者が追加作業を求める時，それが委託業務の範囲内であり追加の対価は不要であると主張され，受託者はなし崩し的に追加作業をさせられるリスクがある。

　とくに，事業担当者レベルでは「○○に関連する業務」などといった粒度の記載であっても十分にその意味するところが観念でき，互いに誤解が生じないということも想定されるが，むしろ，そのような場合にこそ，（よく事情を知らない）第三者的な目で契約書を眺めたときにも，委託される業務の内容が正確かつ具体的に理解することができるかという点の確認を注意深く行う必要がある。契約の条項の解釈に争いが生じた場合，その最終的な判断者は，事業担当者レベルで共有されていた黙示の共通認識を知りえない裁判所などの第三者であるからである。法務担当としては，このような点を念頭に置きつつ，事業部からリーガルチェックを依頼された契約書を目にした際，「この記載は抽象的でよくわからないけれども，違法というわけでもないし，当事者間（事業担当者間）で合意がとれているのであれば問題なかろう」と判断してしまうのではなく，第三者的立場から，理解がしづらい部分についてはその旨を指摘し，事実関係の説明を補ってもらうなどしながら，複数の読み方が合理的に想定さ

れることのないよう可能な限り緻密に文言を絞り込んでいくことが望ましい。

(2) 特定の方法とレベル

　役務提供型の場合、成果物の納品の規定が存在する場合であっても、製造委託のような明確な仕様が決まっていないことが多く、後日の紛争を防ぐためには、業務の内容をなるべく具体的かつ詳細に規定すべきである。役務提供型の業務委託契約においては、サービスの内容、サービス提供の前提、サービス品質等について規定が不明確であることが多かった。この契約上の曖昧さが、サービス提供時のトラブルの原因になっている。そこで高いレベルのサービスが求められる場合は、曖昧さを排除するために、契約時に、サービス品質のサービス・レベルを明確にするサービス・レベル・アグリーメント（SLA）を締結し、契約の有効期間中、その契約に基づいたサービス・レベル管理を実施するという体制がとられることがある。

　SLAについては、委託者から受託者に対する品質等の要求水準を示す形と、受託者から委託者に対して保証する品質等の水準を示す形がある。いずれにしても、先に原案を提示したほうが交渉の主導権を握りやすい。

　適切なサービス・レベル管理は、委託者、受託者の双方にとって以下のような利点をもたらす。

- 委託者にとっては、期待どおりのサービスが享受でき、自らの権利の確保が可能となる。
- 受託者にとっては、業務提供の責任を明確にし、これを履行したかどうかの説明責任を果たすことができる。

　サービスの提供の場合には、サービスの内容、レベルについて、基本契約書と個別契約書の形で合意する場合は、具体的な業務内容は個別契約書や別途の覚書で規定されることになるが、支払方法や債務不履行に関わる点なので、基本契約書の交渉の時点で、具体的な業務内容を想定しながら、基本契約と個別

契約で矛盾や不都合が生じないように配慮すべきである。

　さらに，委託者から追加の作業が求められた時に，当初の委託業務の範囲なのか，範囲外の業務なのかが問題になる。後者であれば，追加の対価の発生が争点となる。業務内容の規定が不明確であると，業務の終了時期についてもトラブルになることがある。

(3) キーパーソンの特定

　加えて，成果物のある役務提供委託の場合に，委託者としては，受託者の側のある特定の人物（キーパーソン）をして，本業務の重要部分について責任者的な立場で深く関与してほしいと考えていることも多いと考えられる。むしろ，そのような理由があるからこそ，委託者としては，当該受託者との間で契約を締結しようと考えているのかもしれない。ここでは，食品メーカーが調査会社に対して市場調査に関する調査を目的とした業務委託契約を想定しているが，その納品物として，単なる数字や消費者等の意見等を集計しただけのものではなく，集計結果に基づく受託者による独自の分析を加えたレポートのようなものが提出されることになっているという場合もありうる。そのような場合には，言うまでもなく委託者は，その分析レポートの内容にも非常に重きを置いているのであろうから，その質を担保するためにも，委託者が指名する特定のキーパーソンが，これを作成または監修してもらいたいと考えるであろう。そのため，例えば以下のような条項を加えることが考えられる。

〈キーパーソンに関する条項例〉

> 受託者は，成果物を作成するにあたって，［キーパーソンの氏名その他これを特定するに足りる事項を記載］をしてその［作成／監修］にあたらせるものとする。

　このように，役務提供委託の場合には，製造委託と異なり，成果物の内容を客観的な文言として契約書上に落とし込むことが必ずしも容易ではないため，なるべく委託者の認識と合致した成果物が納品されるよう，契約締結の段階に

おいて当事者双方が委託の性質に応じた工夫を凝らすことが求められることも多い。

その他に，債務不履行や瑕疵担保責任の有無を判断するうえでも，業務内容の規定は重要である。

(4) 受託者の責任

受託者の責任については，特に契約上定めなくても，委任契約であれば受託者に民法上善良な管理者の注意が要求される（民法644条）。つまり，コンサルタント業務であれば，当該業務を行う者が通常期待される程度の注意義務があることになる。確認的に規定するとすれば，以下のような条項になる。

〈善管注意義務を規定する条項例〉

> 受託者は，本件業務を委託者の指示に従い，善良なる管理者の注意をもって行う。

「最善の注意義務」と規定すれば，より高度な注意義務が求められる可能性がある。最判昭和36年2月16日民集15巻2号244頁では，医業に従事する者は，危険防止のために実験上必要とされる最善の注意義務を要求されると判示している。また，最高裁昭和57年3月30日判決では，注意義務の基準となるべきものは，診療当時のいわゆる臨床医学の実践における医療水準であるとしている。

逆に，「自己のためにするのと同程度の注意義務」，「商業的に合理的な注意義務」と規定すれば，善管注意義務より低いと解釈される可能性もある。いずれにしても，文言だけに依拠するのでなく，具体的にどのような義務を受託者に負わせるべきかについて個別に検討すべきである。

いずれにしても，受託者の善管注意義務を抽象的に定めるだけでは委託者としては不十分である。委託者がサービスに満足していなくても，受託者が相応の技術により相応の品質で提供していれば，善管注意義務を尽くしたことになりうる。そのため，SLAや覚書においてサービスの具体的内容や水準を規定しておくべきである。

(5) 民法改正による条項改定の要否

　民法改正により特段改定すべき点は存在しない。

2　納品・検収

(1) 役務提供型業務委託における「成果物」の扱い

　本サンプル契約では，成果物の納品を想定していないが，役務提供型の場合でも成果物（例えば業務報告書等）の納品の規定を設けることはある。その場合は，以下のように，成果物の納品時期，納品場所，納品の態様などを具体的に記載することになる。

〈成果物の納品を規定する条項例〉

> 1．受託者は，本件業務に基づき委託者に納入すべき成果物がある場合，成果物を委託者が指定する期日（以下「納期」という。）までに，委託者が指定する様式及び方法で委託者に対し納入するものとする。
> 2．受託者は，成果物の納入が納期に間に合わないこと又はそのおそれが判明した場合，直ちにその旨を委託者に通知した上で，委託者の指示等に従うものとする。

　また，本サンプル契約においては，一定の納品物は想定されているが，検査を要する形での成果物は求められていない。納品がありさえすればよく，納品物の完成度と対価の支払とがリンクしていないため，特に検収の規定は設けられていない。

　成果物の内容やクオリティが重要な業務委託の場合には，成果物の検収について詳細に規定する必要がある。例えば以下のような規定を入れることになる。検収後に対価が支払われる場合は，民法上，請負と解釈される場合が多くなると考えられる。

〈検収の方法を規定する条項例〉

> 1．受託者は委託者に対し，本件業務について第2条（委託内容及び対価）に定める納品日までに成果物を委託者又は委託者の指定先へ納入又は提出するものとし，委託者はこれを受領後7日以内に検査し，受託者に対し検収完了書を交付するものとする。なお，発注者から何らの通知もない場合には検収期間の満了日をもって検収に合格したものとみなす。
> 2．前項の検査において，所定の仕様等との不一致が発見された場合は，両者は当該不一致の原因につき協議を行うものとし，当該不一致が受託者の責に帰すべき場合は，自己の責任と費用負担で当該瑕疵を修正するものとする。なお，再検査において不合格となった場合も同様とする。

(2) 民法改正による条項改定の要否

民法改正により特段改定すべき点は存在しない。製造委託契約においても述べたとおり，なお，「瑕疵」という文言について，改正民法の文言に合わせ，「契約の内容に適合しないものである場合」等と修正することが考えられる。

3 完了の報告等

> 第5条（完了の報告）
> 1．本契約に関する受託者の業務が完了したときは，受託者は委託者に対して完了報告をしなければならない。
> 2．受託者は，本契約を履行期に完了できないとき若しくは定められた内容どおり実施できないとき又はそのおそれが生じたときは，受託者の責に帰すべき事由によるか否かにかかわらず，直ちに委託者に通知するとともに，その対応について委託者受託者協議する。但し，緊急を要するときは，受託者は臨機の措置を講じ，事後遅滞なく委託者にその報告を行うものとする。

(1) 報告に係る条項の留意点

委託者としては，受託者から，完了時だけでなく定期的に，あるいは要求に

応じて報告してほしいところであり，以下のような条項を入れることが考えられる。

〈要求に応じた報告を規定する条項例〉

> 1．受託者は，受託した各本件業務の遂行状況を，委託者が特に求めたときに，書面により委託者に報告しなければならない。
> 2．前項に加え，受託者は，委託者に報告すべき相当の事由が生じたときは，直ちに委託者に報告しなければならない。

さらに，委託者の権限を強くするため，監査・監督の権利まで以下のように規定することも考えられる。

〈監査・検証・監督について規定する条項例〉

> 1．受託者からの報告内容の確認その他委託者が必要と認める理由がある場合は，委託者は，受託者に対して関係資料の提出要請および立入検査を行うことができるものとし，受託者はこれを応諾する。
> 2．委託者は，報告内容，検査結果等より必要と判断される場合，受託者の委託業務の遂行方法その他委託業務に関わる事項について，受託者に改善を申し入れることができるものとし，受託者はこれに適切に対応するものとする。

委託者が受託者からの報告を受けるだけでは受託業務の質的管理に不安がある場合には，委託者が受託者に対して関係資料の提出やオフィスへの立入検査を求める権利を規定することもありうる。

もちろん，成果物の納品を対価の支払いの条件とすることもできる。その場合には，委託者は，成果物の納品のみならず，併せて上記のように定める検収の合格をもってはじめて対価の支払い義務が発生するという建付けとすることもできるであろう。

ただし，本契約が，下請法に定める情報成果物作成委託に該当し，資本金要件等との関係から，同法の適用を受けることとなる場合には（下請法については第2章4を参照），委託者は，受託者に対して，成果物を受領した日から起

算して60日以内に定められた支払期日までに下請代金を支払わなければならないことに留意する必要がある。検査，再検査，再々検査と，仮に不合格が続く場合であっても同様であるが，受託者の給付に瑕疵があるなど，受託者の責に帰すべき事由があってやり直しをさせる場合は，やり直し後，成果物の受領日が起算日となる。

(2) 民法改正による条項改定の要否
　民法改正により特段改定すべき点は存在しない。

4　支払方法

> 第6条　（支払方法）
> 1．委託者は受託者に対し，本件業務の対価として，第2条（委託内容及び対価）に定める対価を支払うものとする。
> 2．受託者は，本件業務を完了した分につき，納品月末に締め切って集計し請求書を発行し，委託者はこれを，請求月の翌月末日までに受託者の請求書により指定された銀行口座に振込み，送金する方法で支払うものとする。なお，この場合の振込みにかかわる手数料は委託者が負担するものとする。

(1)　支払方法に係る条項の一般的な留意点
　報酬の支払時期はトラブルになりやすいため，サービスの内容と支払義務との関係は明確にすべきである。委託者の立場からは，業務遂行や成果を確かめてから支払いたいため，なるべく後払いにしたい。具体的には業務遂行後成果物の検収後にまとめて払うか，少なくとも一定の期間をおいて業務内容を確認しながら払いたいところである。
　他方で，受託者の立場からは，業務内容にクレームをつけられて報酬の支払いを留保されないように，なるべく前払いにしたいところである。

そこで，折衷案としては，本条項例のように月額払いにすれば受託者としては未払いのリスクは小さくできる。受託者の交渉力が強ければ，契約締結時または業務開始時に，一定額の着手金を受領する規定にすることが望ましい。仮に，本件業務完了後に支払われる規定にせざるをえない場合は，完了の基準を明確にし，委託者の裁量の余地をなるべく少なくしておく必要がある。基本契約で具体的に完了の基準を決められない場合であっても，その大枠合意しておき，業務を遂行する過程で現場で詳細を合意するようにすることが望ましい。

委託者としては，本件業務の内容に満足できないときのために，以下のような条項を入れることもありうる。

〈委託者に有利な支払方法の条項例〉

> 本件業務の品質または水準が，本件業務に通常求められる程度の水準又は個別契約で特に定めた仕様よりも低いと委託者が合理的に判断した場合，委託者は受託者に対して代金の減額を請求することができる。減額の程度については，委託者及び受託者が協議の上，委託者が商業上合理的な範囲内で定めることができるものとする。なお，本条の規定は，第〇条，第〇条及び第〇条の規定に基づく委託者の権利行使を妨げるものではない。

コンサルタントや弁護士等への業務委託においては，タイムチャージ（時間制単価）が規定されることが多い。委託者としては，予算を確保するためには，固定額方式にするか，またはタイムチャージに上限金額（キャップ）を設けることを求めたいところである。業務のレベルと報酬の額は，業務を円滑に進めるためにも，双方納得できる内容で合意すべきである。

さらに，消費税の負担，支払方法，銀行手数料の負担等についても具体的に記載すべきである。費用については，受託者は，民法上，委託された業務を処理するために必要な費用と利息の償還を請求することができる（民法649条・650条）。しかしながら，業務遂行に関して生じた費用をどの範囲でどちらが負担するかもよく紛争になる。そのため，契約締結時にどのような費用が生じるかを当事者間であらかじめ確認し，その負担について明確な合意をしておくべ

きである。また，受託者が委託された業務のために負担した債務について，委託者に対して弁済を請求した場合には，委託者は弁済義務がある（民法650条2項）が，このような費用や受託者が負担した債務に関する民法の規定に依拠するのではなく，当該業務委託の内容に合わせた費用に関する規定を合意しておくべきである。旅費や宿泊費等についても，「合理的な金額」という限定を付けたり，一定額以上は事前承認にすることが考えられる。

(2) 契約が途中で終了した場合の対価の取扱い

　業務委託契約が途中で終了した場合において，現行民法上，受任者は，履行の中途で委任が終了したことについて受任者に帰責事由がない場合には既にした履行の割合に応じて報酬を請求することができるとされている（民法648条3項）。

　そこで，かかる規定を前提に，契約が途中で終了した場合の対価の取扱い（どの段階まで仕事が履行されていればどの程度の対価を支払うのか等）について，規定しておくことも考えられる。

(3) 民法改正による条項改定の要否
ア　履行の割合に応じた報酬規定の変更
　上記の現行民法648条3項に対しては，受任者に帰責事由がある場合においても委任事務の一部が履行されたのであれば，既になされた委任事務の履行に対しては履行の割合に応じて報酬を請求することができるとするのが合理的であり，また雇用においては，労働者は，自らの帰責事由により労働に従事することができなくなった場合にも，既に労働に従事した部分については履行の割合に応じて報酬を請求することができると解されており，委任と雇用の規律が異なる合理性がないとの指摘がなされていた[1]。そこで，改正民法では，委任者の責めに帰することができない事由[2]によって委任事務の履行をすることがで

1　一問一答350頁。

きなくなった場合[3]（すなわち，受任者に帰責事由がある場合[4]においても）または委任が履行の中途で終了した場合[5]には，受任者は，既にした履行の割合に応じて報酬を請求することができるとした（改正民法648条3項）。

かかる改正により，現行民法下よりも，履行の割合に応じた報酬の発生が問題となる場合は拡大されると思われ，前述の契約が途中で終了した場合の対価の取扱いについて，規定しておく必要性は高まるであろう。

イ　委任事務の履行により得られる成果に対して報酬を支払う旨の合意がされた場合の規定の新設

実務においては，委任事務の履行により得られる成果に対して報酬を支払う旨の合意（成果が得られなければ，たとえ委任事務を履行したとしても報酬を支払わない旨の合意[6]）がされることがあるが，現行民法には，この点に係る規定がなかった。そこで，改正民法では，委任において成果に対して報酬を支払う旨の合意がされた場合に関して，新たな規定を任意規定として設けた。まず，請負の規律を参考に，委任事務の履行により得られる成果が引渡しを要するものである場合の報酬の支払時期について，報酬は成果の引渡しと同時に支払わ

---

[2]　受任者が割合的な報酬を請求する場合には，委任者に帰責事由がないことについてまで受任者は主張・立証をする必要はない（報酬全額を請求しようとする場合には，受任者は，委任者に帰責事由があることについて主張・立証をする必要がある）と解されている（一問一答351頁）。

[3]　「委任事務の履行をすることができなくなった」（改正民法648条3項1号）とは，委任事務の履行が不能となった場合を指すとされている。また，委任者に帰責事由がある場合には，危険負担の規定（改正民法536条2項）が適用され，委任事務の履行が未了の部分も含めて報酬全額の請求をすることができるとされている（一問一答351頁）。

[4]　ただし，受任者に帰責事由がある場合に，委任事務の履行を受けられなくなった委任者が何らかの損害を被っていれば，委任者は受任者に対して損害賠償を請求することは可能であるとされている（一問一答351頁）。

[5]　委任が解除された場合など，委任が履行の中途で終了した場合であっても委任事務の履行自体は可能であることもあり，改正民法648条3項第1号の要件（「委任事務の履行をすることができなくなった」）に該当するとはいい難いため，同号とは別に，委任が「履行の中途で終了したとき」にも割合的な報酬の請求ができる旨の規定を設けている（同項第2号）とされている（一問一答351頁）。

[6]　例えば，弁護士の成功報酬等がこれに該当するであろう。

なければならないとしている(改正民法648条の2第1項)。また,通常の委任と同様に,受任者は委任事務を履行した後でなければ報酬を請求することができないが(改正民法648条2項本文),その上で,成果報酬の合意がある場合には,達成された成果の引渡しと報酬の支払が同時履行の関係になるとしている[7]。また,同様の観点から,請負の報酬に関する規定を準用して,成果が得られる前に委任者の責めに帰することができない事由によって委任事務の履行ができなくなった場合[8]または成果が得られる前に委任が解除された場合[9]において,既に履行した委任事務の結果が可分でその部分によって委任者が利益を受けるときは,受任者は,その利益の割合に応じて報酬を請求することができるとしている(改正民法634条)[10]。

そこで,(現行民法下においても,既に契約実務上は同様の対応がなされてきたとは思われるが,)改正民法下においては,特に上記の規定に鑑み,委任事務の履行により得られる成果に対して報酬を支払う旨の合意をする場合にはその支払時期や,前述の契約が途中で終了した場合の対価の取扱い[11]について,

---

[7] 他方で,その成果が引渡しを要しないものであるときも,委任事務を履行した後でなければ報酬を請求することができず(改正民法648条2項本文),当事者の合意が成果の達成を要するとしているから,当然に成果が得られた後でなければ報酬を請求することはできないことになるとされている(一問一答352頁)。

[8] 委任においては,「仕事を完成することができなくなったとき」(改正民法634条1号)は,「委任事務の履行をして成果を得ることができなくなったとき」と読み替えられ,委任事務の履行ができず,その履行を前提として成果を得ることも不能となった場合を指し,委任者に帰責事由がある場合には,危険負担の規定(改正民法536条2項)が適用され,報酬全額の請求をすることができるとされている(一問一答353頁)。

[9] 委任が解除された場合であっても,委任事務を履行して成果を得ること自体は可能であることもあり,改正民法648条の2第2項において準用する改正民法634条1号の要件(「委任事務の履行をして成果を得ることができなくなったとき」)に該当するとはいい難いため,同号とは別に,委任が「解除されたとき」にも割合的な報酬の請求ができる旨の規定を設けている(改正民法648条の2第2項において準用する改正民法634条2号)とされている(一問一答353頁)。

[10] 以上の整理については,一問一答352頁参照。

[11] 成果を完全に達成しなければ報酬の支払を受けないことを強調して高額の成果報酬が設定されるケースなどがあり得るが,そのようなケースについては,割合報酬の規定を適用しない旨の明示又は黙示の合意が認定されることもあり得るものと考えられるとの指摘もあるため(一問一答353頁),特に高額の成功報酬が設定されるものの,割合報酬も認められる場合については,契約書上明確に規定しておく必要があるだろう。

規定しておく必要性は高まるであろう。

5　知的財産権の帰属

> 第8条（知的財産権の帰属）
> 1．本業務の遂行の過程で得られた発明，考案，意匠，著作物その他一切の成果（本製品を含む。）に係る特許，実用新案登録，意匠登録等を受ける権利及び当該権利に基づき取得する産業財産権並びに著作権（著作権法第27条及び第28条に定める権利を含む。）その他の知的財産権（ノウハウ等に関する権利を含み，以下「本知的財産権」という。）は，全て委託者に帰属する。この場合において，受託者は，委託者に権利を帰属させるために必要となる手続（発明者たる従業者からの権利の取得及び移転登録手続を含むが，これらに限られない。）を履践しなければならない。
> 2．受託者は，委託者に対して，本業務の遂行の過程で得られた著作物に係る著作者人格権を行使しない。
> 3．委託者及び受託者は，前二項に定める権利の帰属及び不行使の対価が委託料に含まれることを相互に確認する。

(1) 知的財産権の帰属

　役務提供型の業務委託の場合，製造委託と異なり，想定される成果物としては，受託者が業務上作成して委託者に引き渡す文書や図表などであることが多い。この場合，主に問題となるのは著作権である。

　委託者の立場からは，業務に対する報酬を支払う以上，業務によって生じた成果物に関する知的財産権は委託者に帰属し，受託者が当該成果を第三者に提供したり，第三者に対する役務提供の際に転用したりすることは禁止したいところである。一方，受託者の立場からは，自社のノウハウや経験を使って作成した成果物である場合，知的財産権は自社に帰属し，第三者に対する提供や，第三者に対する役務提供の際の転用について，自由に行えるようにしたいところである。この場合，一方当事者に知的財産権が帰属することとしつつ，他方

当事者に対して一定の実施権や利用権を許諾することが考えられる。

(2) 民法改正による条項改定の要否
　製造委託契約においても述べたとおり，民法改正により特段改定すべき点は存在しない。

6　損害賠償

> 第10条　（損害賠償責任）
> 受託者は，本契約に違反した場合又は本業務に関連して受託者若しくは受託者の従業員の故意若しくは過失により委託者に損害を与えた場合には，委託者がこれによって被った損害を直ちに賠償しなければならない。

(1) 損害賠償に係る条項の留意点
　受託者の立場からは，損害賠償の範囲をなるべく狭くしておくことが望ましい。役務提供型の場合，製造委託に比べて業務委託料は定額であることが多いが，役務の内容に問題があった時の損害賠償の額は，逸失利益等まで含めると巨額になることもありうる。そのため，通常かつ直接の損害に限るとともに，受領した業務委託料を上限とする規定を入れることを交渉すべきである。
　委託者の立場からは，損害賠償の範囲はなるべき広く規定しておいたほうが有利に働くことが多いといえる。上限についても，支払った業務委託料の範囲では低すぎるケースが多いであろう。その場合は，業務委託料の○倍というような規定にするか，合理的な固定額を合意することになる。
　その他の点については，製造委託契約において述べたとおりである。

(2) 民法改正による条項改定の要否
　民法改正により改定すべき点については，製造委託契約において述べたとお

りである。

7 競業禁止

(1) 競業禁止に係る条項の留意点

　契約上の競業避止義務は，契約の一方当事者が開示するノウハウ等の保護や当該当事者が構築した商圏の保護を目的として規定される。契約により競業避止義務が定められた場合，原則として，一方当事者は，競業避止義務に違反した当事者に対して，損害賠償請求権および差止請求権を行使することができる。

　まず，契約当事者に対して競業避止義務を課す条項は原則として有効と考えられているが，同条項は義務を負う契約当事者の営業の自由を制約するものであるため，その目的，必要性，内容の妥当性等を考慮した上で，その義務の範囲が限定的に解釈されたり，場合によっては，その義務自体が公序良俗（民法90条）に反するものとして無効と扱われたりすることがある。

　次に，競業避止義務違反が認められた場合，原則として，競業避止義務違反と相当因果関係のある範囲の損害が当事者の被った損害として認められ，一般的には，競業行為により当事者が失った利益（具体的には，減少した売上金額）が主な損害額として認められると考えられている。なお，競業避止義務違反を主張する当事者は，競業避止義務違反行為に基づく損害（額）を主張立証する必要があるが，契約上において同義務違反による損害額の推定規定（や違約金規定）が存在しない限り，その正確な立証は困難であることが多い[12]。

　本サンプル契約には規定されていないが，委託者としては，受託者が委託者のために調査・検討した成果を，受託者自身や第三者の事業のために使うこと

12　参考になる裁判例として，次のような裁判例が挙げられる。競業避止義務の範囲を限定的に解釈した裁判例（東京地判平成11年9月30日判例時報1724号65頁），競業避止規定が独占禁止法に反し公序良俗違反・無効となる可能性を示唆した裁判例（大阪地判平成18年4月27日判例時報1958号155頁）。

第4章　役務提供型の業務委託契約の解説

を制限したいと考える場合がある。特に役務提供型委託の場合，委託者が高額の委託料を支払って，委託者のために作成した内容が，そのまま受託者自身や委託者の競合相手のために使われてしまうと，委託者は費用対効果が合わないことになってしまうためである。委託者としては，以下のような条項を規定したいところである。

〈競業を禁止する条項例〉

> 受託者は，本契約期間中及び本契約期間終了後〇年間，受託者又は委託者以外の第三者のために，本業務と同一又は類似する業務に関する業務を行ってはならないものとする。

　受託者としては，自社のノウハウや経験を生かして作成した成果であり，他にも汎用性のある部分は第三者のためにも活用したいと考える。委託者だけのために作成するのであれば，委託料ももっと高額にしたいと考えることもあろう。
　そのような観点から，委託者の立場が強ければ，競業禁止の規定が入ることもあるが，一般に受託者としては同様の委託を複数の会社から受けることが多く，業務の性格上同業他社になることが多い。したがって，競業禁止は受け入れがたい条項であり，入れるとしても以下のような限定的な制限条項にすべきである。

〈競業を制限する条項例〉

> 委託者は，本契約期間中及び本契約期間終了後〇年間，以下に定める競合事業者のために，以下に定める業務を行ってはならないものとする。
> (1)　委託者の競合事業者
> 　　〇〇株式会社，〇〇株式会社
> (2)　業務内容
> 　　〇〇に関する業務

(2) 民法改正による条項改定の要否

民法改正により特段改定すべき点は存在しない。

8　個人情報の取扱い

> 第13条　（個人情報の取扱い）
> 1．委託者及び受託者は，本業務の遂行に関連して相手方から個人情報（個人情報の保護に関する法律（平成15年5月30日法律第57号）第2条第1項に定めるものをいう。以下同じ。）の開示を受けた場合には，本業務の目的の範囲において個人情報を取り扱うものとし，本業務の目的以外にこれを取り扱ってはならない。
> 2．受領当事者は，開示当事者から個人情報の開示を受けた場合には，直ちに個人情報の取得，移送，利用，保管及び廃棄を行う担当者及び責任者を選任した上で，開示当事者に対して当該担当者及び責任者の氏名，役職及び連絡先を書面により通知するものとする。これを変更した場合も同様とする。
> 3．受領当事者は，個人情報に関する法令及びガイドラインを遵守するものとする。

(1) 個人情報の取扱いに係る条項の留意点

第2章の**9**のとおり，委託者が，受託者に対して，委託契約に伴って個人データの提供を行うという場合には，当該個人データに係る本人の同意は不要となるが，この場合には，委託者は，受託者に対して必要かつ適切な監督を行わなければならず（個人情報保護法22条），かかる義務の履行として，(1)適切な委託先の選定，(2)委託契約の締結，(3)委託先における個人データ取扱状況の把握を行うことが求められている。

とくに，「個人情報の保護に関する法律についてのガイドライン（通則編）」では，具体的に上記(2)に該当する措置として，以下の事項を行うことが望ましいとされている（ガイドライン3-3-4）。

> (2) 委託契約の締結
> 委託契約には，当該個人データの取扱いに関する，必要かつ適切な安全管理措置として，委託元，委託先双方が同意した内容とともに，委託先における委託された個人データの取扱状況を委託元が合理的に把握することを盛り込むことが望ましい。

また，上記(3)に関しては，以下のように定められている（同上）。

> (3) 委託先における個人データ取扱状況の把握
> 委託先における委託された個人データの取扱状況を把握するためには，定期的に監査を行う等により，委託契約で盛り込んだ内容の実施の程度を調査した上で，委託の内容等の見直しを検討することを含め，適切に評価することが望ましい。また，委託先が再委託を行おうとする場合は，委託を行う場合と同様，委託元は，委託先が再委託する相手方，再委託する業務内容，再委託先の個人データの取扱方法等について，委託先から事前報告を受け又は承認を行うこと，及び委託先を通じて又は必要に応じて自らが，定期的に監査を実施すること等により，委託先が再委託先に対して本条の委託先の監督を適切に果たすこと，及び再委託先が法第20条に基づく安全管理措置を講ずることを十分に確認することが望ましい。再委託先が再々委託を行う場合以降も，再委託を行う場合と同様である。

　これらを踏まえ，本契約の締結時点で，委託者から受託者に対して個人データの提供が想定されている場合には，サンプル条項の規定に加えて，例えば以下のように定めることによって，ガイドラインの内容に従いつつ，委託先である受託者の側において個人データの漏えい等が発生することを可及的に防止することが重要となる[13]。

13　個人情報の取扱いに関する委託先管理が実際に問題となった有名な事例としては，平成26年7月，大手通信教育事業を営む法人およびその子会社の顧客3,000万人以上に係る個人情報（本人および子供の氏名，住所，電話番号，性別，生年月日等が含まれていた）が，その取扱いを委託先経由で（再）委託されていた複数の再委託先のうち一社の派遣従業員が，顧客情報を格納していたデータベースからこれらを不正に持ち出したことが発覚したというものが挙げられる。

8　個人情報の取扱い

〈個人データの漏えいを防止するための条項例〉

> 1．委託者及び受託者は，本業務の遂行に関連して相手方から個人情報（個人情報の保護に関する法律（平成15年5月30日法律第57号）第2条第1項に定めるものをいう。以下同じ。）の開示を受けた場合には，本業務の目的の範囲において個人情報を取り扱うものとし，本業務の目的以外にこれを取り扱ってはならない。
> 2．受託者は，前項に定めるところにより委託者から個人情報の開示を受けた場合には，委託者からの求めに応じて，当該個人情報の取扱状況について書面又は口頭により報告を行わなければならず，また，委託先は，自らが客観的かつ合理的に必要があると認める場合には，受託先の事業所その他当該個人情報の取扱いを行っている場所に訪れ，その取扱状況について必要な監査を行うことができる。当該報告又は監査に関連して委託者から指示又は是正要求があった場合には，受託者はこれに応じて必要かつ適切な措置を講じなければならない。
> 3．受託者は，本契約に定めるところによって本業務の全部又は一部を第三者に対して再委託する場合には，当該第三者との間で締結する契約において，本条に定める個人情報保護に関連して自らが負う義務と同等以上の義務を当該第三者に対して負わせることとしなければならない。
> 4．受領当事者は，開示当事者から個人情報の開示を受けた場合には，直ちに個人情報の取得，移送，利用，保管及び廃棄を行う担当者及び責任者を選任した上で，開示当事者に対して当該担当者及び責任者の氏名，役職及び連絡先を書面により通知するものとする。これを変更した場合も同様とする。
> 5．受領当事者は，個人情報に関する法令及びガイドラインを遵守するものとする。

　実際に個人情報の漏えいを発生させた派遣社員個人がその刑事上および民事上の責任に問われるべきことは当然であるが[14]，事業者にとってより重要な点は，このような（再）委託先における個人情報の漏えいについて，委託元自身が上記に定めるような委託先に対する適切な監督義務を履行していないという場合には，委託元自らが，個人情報保護法上ないし民法上の責任を免れることができないという点である。

14　なお，2015年の個人情報保護法改正により，個人情報取扱事業者もしくはその従業者またはこれらであった者が，その業務に関して取り扱った個人情報データベース等を自己もしくは第三者の不正な利益を図る目的で提供し，または盗用したときは，1年以下の懲役または50万円以下の罰金に処するとして，新たに刑事罰規定が設けられることとなった。

上記ガイドラインでも、「委託元が委託先について「必要かつ適切な監督」を行っていない場合で、委託先が再委託をした際に、再委託先が不適切な取扱いを行ったときは、元の委託元による法違反と判断され得るので、再委託をする場合は注意を要する。」(3-3-4) としてこのことが明記されており、また、実際にその監督が不適切であると認められる事例として、以下のものが挙げられている。

> 事例1：個人データの安全管理措置の状況を契約締結時及びそれ以後も適宜把握せず、外部の事業者に委託した結果、委託先が個人データを漏えいした場合
> 事例2：個人データの取扱いに関して必要な安全管理措置の内容を委託先に指示しなかった結果、委託先が個人データを漏えいした場合
> 事例3：再委託の条件に関する指示を委託先に行わず、かつ委託先の個人データの取扱状況の確認を怠り、委託先が個人データの処理を再委託した結果、当該再委託先が個人データを漏えいした場合
> 事例4：契約の中に、委託元は委託先による再委託の実施状況を把握することが盛り込まれているにもかかわらず、委託先に対して再委託に関する報告を求めるなどの必要な措置を行わず、委託元の認知しない再委託が行われた結果、当該再委託先が個人データを漏えいした場合

また、法律上の責任のみならず、個人情報の漏えいに関しては、それによって事業者（とくにB to Cを主とする事業者）が社会的に被ることとなるレピュテーションリスクのほうがより影響が甚大であることも少なくなく、実際、消費者のプライバシー意識も、近年高まりつつあるといってよいだろう。

これらのことも踏まえながら、委託先における個人情報の取扱いについてこれまで以上にセンシティブな態度で契約交渉に臨むべきであろうし、また、実際に契約が成立した後の委託先管理についても、契約書に定めたはずの内容が見掛け倒しとなってしまわないよう、法務部と事業部の担当者がそれぞれ協働して定期的に実施していくことが望ましい。

(2) 民法改正による条項改定の要否

民法改正により特段改定すべき点は存在しない。

9 再委託

第14条 （契約業務の再委託）
1. 受託者は，委託者の事前の書面による承諾を得た場合に限り，第三者（以下「再委託先」という。）に対し，本業務の全部又は一部を再委託することができる。
2. 受託者は，前項に基づき再委託を行った場合には，直ちに再委託先の名称及び再委託した本業務の内容を書面により通知するものとする。
3. 受託者は，第１項に基づき再委託を行った場合は，再委託先をして本契約及び個別契約に定める受託者の義務と同等の義務を遵守させるものとし，再委託先が当該義務に違反したときは，再委託先による当該義務違反は受託者の違反とみなして，その一切の責任を負うものとする。

(1) 再委託に係る条項の留意点

準委任の場合は，受託者は原則として委任された事務の処理を自ら行わなければならない。例外として，委託者の同意がある場合とやむを得ない事由がある場合は，受任事務を再委託することができると解される（民法104条の類推適用）。受託者が第三者に委任事務を代わりに行わせた場合は，そこから生じる責任は受託者自らが全て引き受けなければならないと解されている。

他方，前述のとおり，請負の場合は，受託者は仕事を完成させるのが目的であるから，その過程は問題とならず，第三者に委託するのも禁止されないと解されている。

しかし，実務上，業務委託契約ではいずれの場合であっても，再委託は原則として禁止し，委託者の同意がある場合や関連会社に再委託する場合など一定の例外の場合に認めていることが多い。受託者に有利な条項にするのであれば，受託者の合理的な裁量でその一部または全部の業務を再委託できるという規定にすることが考えられる。

再委託先が，反社会的勢力であるリスクを想定して，14条２項の後に以下のような規定を入れているケースもある。

〈再委託先の反社会的勢力に関する条項例〉

> 3．受託者は，受託者の下請，再委託先業者又は代理人もしくは媒介をする者（下請又は再委託契約が数次にわたるときには，その全てを含む。以下同じ）が第1項に該当しないことを表明・保証し，将来も同項もしくは第2項各号に該当しないことを確約する。
> 4．受託者は，その下請，再委託先業者又は代理人もしくは媒介をする者が前号に該当することが契約後に判明した場合には，ただちに契約を解除し，又は契約解除のための措置をとらなければならない。
> 5．受託者が，前2項の規定に反した場合には，委託者は本契約を解除することができる。
> 6．受託者は，その下請，再委託先業者又は代理人若しくは媒介をする者が，反社会的勢力から第2項各号の行為受けた場合は，これを拒否し，又は下請若しくは再委託先業者をしてこれを拒否させるとともに，行為があった時点で，速やかに不当介入の事実を委託者に報告し，捜査機関への通報及び報告に必要な協力を行うものとする。
> 7．受託者が前項の規定に違反した場合，委託者は受託者に対して必要な措置をとるよう求めることができ，または，何らの催告を要さずに，本契約を解除することができる。

(2) 民法改正による条項改定の要否

　前述のとおり，現行民法は復受任者の選任について現行民法104条を類推適用する解釈論が確立していたところ，民法改正により，かかる点が明文化された（改正民法644条の2第1項）。もっとも，かかる改正は現行民法下の解釈論を明文化したものにすぎず，特段改定すべき条項は存在しない。

10　中途解約

> 第17条（解除）
> 1～3　省略
> 4　委託者又は受託者は，業務の都合等により本契約を継続しがたい事情が発生した場

合，相手方に対し書面でその旨を相当な期間を定めて通知することにより，本契約を無条件で解約することができる。

(1) 中途解約に係る条項の留意点

契約の一方当事者が，一定の催告期間を定めたうえで，いつでも契約を任意に終了させることができる規定のことを中途（任意）解約条項という。委任については，各当事者はいつでもその契約を解除することができるとされていることからして，特に，役務提供型の業務委託においては，中途解約条項が設けられることも珍しくない（請負についても，仕事完成までは注文者側からの解除が認められるため（民法641条），製造委託契約においても，特に注文者側からの中途解約条項を定める場合がある）[15]。

もっとも，合理的な理由がなくとも，一方的に解除ができる中途解約条項は，解除を受ける当事者にとっては，不測の損害を生ぜしめる場合が多く，上記サンプル条項のように，一定の催告期間を定めるのが一般的である。上記サンプル条項は，「相当な期間を定めて」としているが，特定の期間を明示的に定めておくことも考えられる。

また，委任については，やむを得ない事由があった場合を除き，相手方の不利な時期に解除をした場合には，その損害を賠償しなければならないとされる（民法651条2項）。この点に関連して，判例[16]は，受任者の利益をも目的[17]とする委任について，委任者は，やむを得ない事由がある場合はもちろん，これがない場合であっても，解除権自体を放棄したとは解されない事情があるときは委任契約を解除することができるが，この場合には，受任者が受ける不利益を損害賠償によって塡補する必要がある旨を判示している。そのため，前述の

---

15 長期にわたる継続的な業務委託契約の場合は，任意解約がやむを得ない事由がある場合等に制限される可能性があり，定められた催告期間どおりに解約できない場合もありうる。しかし，長期間の拘束を望まない当事者としては，任意解約の規定を入れておいたほうが少なくとも交渉上は有利になりうる。
16 最判昭和56年1月19日民集35巻1号1頁。
17 最判昭和43年9月3日民集22巻3号607頁は，報酬の特約があるだけでは「受任者の利益をも目的とする」委任とはいえないとしている。

催告期間に留まらず，かかる民法651条2項や判例法理に鑑み，中途解約時の取扱い（賠償額や前述の割合的報酬等の取扱い[18]）等を予め契約書上，明確に定めておくことも考えられる。

(2) 民法改正による条項改定の要否

改正民法では，前述の判例を踏まえ，「委任者が受任者の利益（専ら報酬を得ることによるものを除く。）をも目的[19]とする委任を解除したとき」にも，損賠の賠償をしなければならない旨規定した(改正民法651条2項2号)[20]。もっともかかる改正内容は，あくまで判例法理を明文化したものにすぎず，民法改正により特段改定すべき点は存在しない。

---

[18] 遠藤180頁も，中途解約条項の見直しに際して，報酬の取扱いも併せて検討すべき点を指摘している。

[19] 「受任者の利益をも目的とする」とは，委任事務を遂行することによって委任者だけでなく受任者も何らかの利益を受けることが契約の目的とされていることをいうとされており，例えば，債務者会社がその経営を債権者会社の代表者に委任した事案において，その委任の目的として債務者会社の経営再建を図ることで債権者会社の有する債権の回収を促進する目的があった場合などが考えられるとされている。また，この要件に該当する場合であっても，委任者が解除権自体を放棄したと認められるときは，改正民法651条1項に基づく契約の解除をすることはできないとされることがありうるものと考えられるともされている（一問一答354頁）。

[20] やむを得ない事由があったときは，委任者は改正民法651条2項に基づく損害賠償をする必要はない（同項ただし書）。

10 中途解約

COLUMN　　　委託と個人情報保護法

　個人情報保護法は、「委託」について同法第22条、第23条第5項第1号に規定を置いているが、実務上はその解釈が問題となることがある。ここでは、①外国の事業者に個人データの取扱いを委託する場合、②行政機関や独立行政法人等から委託を受ける場合、③匿名加工情報の取扱いを委託する場合という実務的に問題となりやすいケースを解説する。

① 外国の事業者に個人データの取扱いを委託する場合
　個人情報保護法は、「外国…にある第三者…に個人データを提供する場合には、…本人の同意を得なければならない」としており（同法第24条）、外国の事業者に個人データの取扱いを委託する場合には、国内の事業者に委託する場合とは異なり、原則として本人の同意を得る必要がある。
　もっとも、同条の「第三者」からは「個人情報保護委員会規則で定める基準に適合する体制を整備している者」が除かれており、当該基準として、「個人情報取扱事業者と個人データの提供を受ける者との間で、当該提供を受ける者における当該個人データの取扱いについて、適切かつ合理的な方法により、法第4章第1節の規定の趣旨に沿った措置の実施が確保されていること。」（同法施行規則第11条第1号）が定められている。実務的には、業務委託契約において、外国の事業者に日本の個人情報保護法に定められた具体的な義務を遵守させる条項を置くことで対応することが多い。
　なお、外国の事業者がクラウド事業者である場合、当該事業者がサーバに保存された個人データを取り扱わないことになっている場合には、当該事業者に個人データを提供したことにならないため、同法第24条の対応を行う必要はないことに注意が必要である（個人情報保護委員会「『個人情報の保護に関する法律についてのガイドライン』及び『個人データの漏えい等の事案が発生した場合等の対応について』に関するQ&A」（平成29年2月16日（平成29年5月30日更新））（以下「個人情報保護委員会QA」という）5-35参照）。

② 行政機関や独立行政法人等から委託を受ける場合
　行政機関や独立行政法人等から委託を受ける場合、行政機関には、行政機関の保有する個人情報の保護に関する法律（平成15年法律第58号。以下「行政機関個人情報保護法」という）、独立行政法人等には、独立行政法人等の保有する個人情報の保

193

護に関する法律（平成15年法律第59号。以下「独立行政法人等個人情報保護法」という）が適用されることになる。したがって，行政機関や独立行政法人等から委託を受ける場合，行政機関や独立行政法人等は，これらの法令に定められた利用及び提供の制限（行政機関個人情報保護法第8条，独立行政法人等個人情報保護法第9条）や安全確保の措置（行政機関個人情報保護法第第6条第1項，独立行政法人等個人情報保護法第7条第1項）を遵守しなければならない。

　これに対し，委託を受ける側である民間企業には，個人情報保護法が適用されることになる。また，行政機関や独立行政法人等から委託を受けた民間企業は，個人情報保護法だけでなく，行政機関個人情報保護法や独立行政法人等個人情報保護法の安全確保の措置を遵守しなければならない（行政機関個人情報保護法6条，独立行政法人等個人情報保護法7条）。

③　匿名加工情報の取扱いを委託する場合

　個人情報保護法には，匿名加工情報の委託に関する規定はない。したがって，匿名加工情報の取扱いを委託する場合，当該委託先に匿名加工情報を第三者に提供する場合と同様になる。

　匿名加工情報を第三者に提供するときは，あらかじめ，第三者に提供される匿名加工情報に含まれる個人に関する情報の項目およびその提供の方法について公表するとともに，当該第三者に対して，当該提供に係る情報が匿名加工情報である旨を明示しなければならない（同法36条4項，同法37条）。したがって，匿名加工情報の取扱いを委託する場合，個人に関する情報の項目および提供方法を公表する義務と，匿名加工情報である旨を明示する義務を遵守しなければならない。

　なお，個人情報を提供して匿名加工情報の作成を委託した場合には，匿名加工情報の作成は委託元事業者と委託先事業者が共同で行っているものと解され，同法第36条の規定は委託元事業者と委託先事業者の双方に課せられることになるが，匿名加工情報の作成時の公表は，同法施行規則第21条第2項により委託元事業者において行うものとされている（個人情報保護委員会QA11-20参照）。

巻末資料1 〔製造委託型〕

製造委託基本契約書（サンプル）

［　（委託者）　］（以下「委託者」という。）と［　（受託者）　］（以下「受託者」という。）とは，以下のとおり，製造委託基本契約（以下「本契約」という。）を締結する。

第1章　業務委託の内容

第1条（目的）
1. 本契約は，委託者が受託者に対して委託する別紙1〔省略〕記載の製品（以下「本製品」という。）の製造業務（以下「本業務」という。）に関し，その基本的な条件を定めることを目的とする。
2. 本契約は，本業務に関して委託者受託者間で締結される全ての個別契約（以下「個別契約」という。）に適用される。なお，個別契約において本契約と異なる定めをした場合は，個別契約が本契約に優先して適用されるものとする。
3. 受託者は，法令（法律，規則及び条例を含む。以下同じ。），本契約及び個別契約を遵守し，善良な管理者の注意をもって本業務を遂行するものとする。

第2条（個別契約）
1. 委託者及び受託者は，個別契約において，以下の各号に定める事項を規定するものとする。
  (1) 本業務の内容
  (2) 本業務の遂行期間
  (3) 製造代金の額，支払期日及び支払方法
  (4) 本契約に基づいて製造すべき本製品に関する以下の事項

(a)　本製品の内容，数量及び仕様
　　　(b)　本製品の荷姿，納入期日及び納入場所
　　　(c)　本製品の検品完了期日
　　(5)　本業務に関して委託者が受託者に対して貸与する場所，設備，金型又は資料その他の物品（以下「本貸与品」という。）がある場合には，以下の事項
　　　(a)　本貸与品の名称，内容及び数量
　　　(b)　本貸与品の引渡期日
　　　(c)　本貸与品に係る対価の額，支払期日及び支払方法
　　(6)　本業務に関して委託者が受託者に対して支給する原材料，半製品その他の物品（以下「本支給品」という。）がある場合には，以下の事項
　　　(a)　本支給品の品名，内容及び数量
　　　(b)　本支給品の引渡期日
　　　(c)　本支給品に係る対価の額，支払期日及び支払方法
　　(7)　その他本業務の遂行に必要な事項
2．個別契約は，委託者が前項に定める事項を記載した注文書を受託者に交付し，これに対して受託者が注文請書を委託者に交付したときに限り成立するものとする。

第3条（製造代金）

1．委託者は，受託者に対し，本業務の対価として，個別契約に定める支払期日及び支払方法に従い，個別契約に定める製造代金を支払う。なお，個別契約に別段の規定がない限り，製造代金には消費税及び地方消費税は含まれないものとし，委託者は，製造代金に消費税及び地方消費税相当額を付加して支払うものとする。
2．前項の製造代金の支払が金融機関の口座に対して振り込む方法により行われる場合には，個別契約に別段の規定がない限り，以下に定めるところに従うものとする。

(1) 個別契約に定める支払期日が金融機関の休業日に該当するときは，当該金融機関における前営業日をもって支払期日とする。
(2) 振込手数料は，委託者の負担とする。
3．委託者は，受託者に対する第1項の製造代金の支払を遅延した場合には，遅延日数に対し年14.6％の割合による遅延損害金を受託者に支払う。
4．受託者は，個別契約に別段の規定がない限り，本業務の遂行に要する費用（設備調達費用，交通費，通信費等を含む。）を負担する。

第4条（本貸与品の貸与及び返還）

1．委託者は，受託者に対し，個別契約の定めるところに従い，本貸与品を貸与するものとし，受託者は，委託者に対し，本貸与品の受領と引き換えに預かり証を交付するものとする。
2．受託者は，本業務の遂行の過程において本貸与品の瑕疵を発見した場合には，速やかに委託者に通知するものとする。この場合，委託者及び受託者は当該本貸与品の取扱いについて誠実に協議する。
3．受託者は，委託者から貸与された本貸与品を善良な管理者の注意をもって管理し，保管上及び帳簿上，受託者の他の資産と区別しておかなければならない。
4．受託者は，委託者の事前の書面による承諾がない限り，本貸与品を複製し，本業務以外の目的に使用し，又は第三者に利用させてはならない。
5．受託者は，本業務が完了した場合，本業務において必要がなくなった場合，本貸与品に係る個別契約が終了した場合又は委託者から返還を求められた場合には，委託者に対して速やかに本貸与物を原状に復し，自らが附属させた附属品を収去した上で返還するものとする。但し，受託者は，委託者及び受託者が書面により合意した場合は，本貸与品の返還に代えて，自己の費用負担をもってこれを廃棄することができる。

第5条（本支給品の支給）
1. 委託者は，受託者に対し，個別契約の定めるところに従い，本支給品を支給するものとし，受託者は，委託者に対し，本支給品の受領と引き換えに受領証を交付するものとする。
2. 受託者は，本支給品の支給を受けた場合には，速やかに検査を行うものとする。
3. 受託者は，前項の検査又は本業務の遂行の過程において本支給品の瑕疵又は数量の過不足を発見した場合には，速やかに委託者に通知するものとし，この場合の取扱いは以下のとおりとする。
   (1) 本支給品の瑕疵
       委託者は，その選択により，速やかに瑕疵の修補，代替品の納入又は対価の減額を行うものとする。但し，受託者による前項の検査又は本項の通知が遅延したときは，委託者は，当該本支給品の瑕疵について，その責任を負わないものとする。なお，受託者は，委託者の指示に従い，委託者の費用負担により，瑕疵に係る本支給品を委託者に返還し，又は廃棄するものとする。
   (2) 本支給品の数量不足
       委託者は，その選択により，速やかに不足分の納入又は対価の減額を行うものとする。但し，受託者による前項の検査又は本項の通知が遅延したときは，委託者は，当該本支給品の数量不足について，その責任を負わないものとする。
   (3) 本支給品の数量過剰
       受託者は，委託者の費用負担により，速やかに過剰分を委託者に返還するものとする。
4. 本支給品に係る所有権及び危険負担は，当該本支給品が無償の場合には委託者に帰属するものとし，当該本支給品が有償の場合には，その対価を受託者が委託者に支払った時点で，委託者から受託者に移転するものとする。
5. 受託者は，委託者から支給された本支給品を善良な管理者の注意をもって

管理し，保管上及び帳簿上，受託者の他の資産と区別しておかなければならない。
6．受託者は，委託者の事前の書面による承諾がない限り，本支給品を本業務以外の目的に使用し，又は第三者に譲渡し，担保提供その他の処分を行い，若しくは利用させてはならない。

第2章 本業務の遂行

第6条（本業務の遂行に関する指図及び報告）
1．受託者は，自己の責任において，本業務の遂行に関する従業員の配置，本業務の遂行スケジュールその他の本業務の遂行方法を決定する。但し，個別契約においてこれらの事項に関する規定がある場合には，これに従うものとする。
2．受託者は，本業務の遂行に関して必要がある場合には，委託者に対して委託者としての指図を求めることができるものとする。この場合，委託者は，必要に応じて当該指図を行うものとする。
3．委託者は，受託者に対し，本業務の遂行状況並びに本貸与物，本支給品，秘密情報及び個人情報（個人情報保護に関する法律（平成15年5月30日法律第57号）第2条第1項に定めるものをいう。以下同じ。）の管理状況について，いつでも報告を求めることができるものとし，受託者は，委託者から求められた場合には，合理的な範囲内において，その指示に従い速やかに書面をもって委託者に報告するものとする。また，委託者は，事前に受託者の承諾を得た上で，受託者の事業所に立ち入り，これらの管理状況を調査することができるものとし，受託者は合理的な範囲でこれに協力する。
4．受託者は，本業務の遂行に関し，委託者の委託者としての指図に関する過誤を発見した場合には，速やかに書面をもって委託者に報告するものとする。

第7条（現場責任者）

1．受託者は，委託者の事業場において本業務を遂行する場合には，予め本業務の履行に関して以下の事項を行う者（以下「現場責任者」という。）を選任した上で，委託者に対して現場責任者の氏名，役職及び連絡先を通知するものとする。これを変更した場合も同様とする。
   (1) 本業務に従事する受託者の従業員の労務管理及び作業上の指揮命令
   (2) 本業務に従事する受託者の従業員の安全衛生及び災害事故の防止に関する管理監督
   (3) 本業務の履行に関する委託者との間の連絡，報告及び調整
   (4) 委託者受託者間の本貸与品及び本製品の受渡し並びに請求書その他の書面の授受
2．委託者は，本業務の遂行に関して必要となる委託者としての指図は，受託者の選任した現場責任者に対して行い，受託者の従業員に対して直接これを行ってはならない。
3．第1項に定める場合には，受託者は，受託者の従業員をして，委託者の事業場の利用に関する諸規則を遵守させるものとする。

第8条（法令上の責任）

1．受託者は，受託者の従業員の使用者として，労働基準法，労働安全衛生法，労働者災害補償保険法，職業安定法，社会保険諸法令その他受託者の従業員に対する法令上の責任を負うものとする。
2．受託者は，本業務の遂行にあたり受託者又は受託者の従業員が第三者に損害を与えた場合は，自らその損害（合理的な弁護士費用を含む。以下同じ。）を賠償する責任を負うものとする。

第9条（再委託）

1．受託者は，委託者の事前の書面による承諾を得た場合に限り，第三者（以下「再委託先」という。）に対し，本業務の全部又は一部を再委託すること

ができる。
2．受託者は，前項に基づき再委託を行った場合には，直ちに再委託先の名称及び再委託した本業務の内容を書面により通知するものとする。
3．受託者は，第1項に基づき再委託を行った場合は，再委託先をして本契約及び個別契約に定める受託者の義務と同等の義務を遵守させるものとし，再委託先が当該義務に違反したときは，再委託先による当該義務違反は受託者の違反とみなして，その一切の責任を負うものとする。

第3章　本製品

第10条（本製品の納入）

1．受託者は，個別契約に定める荷姿，納入期日及び納入場所において，本製品を委託者に納入するものとする。但し，受託者は，委託者の事前の承諾を得て，委託者が別途指定する荷姿，納入期日及び納入場所において本製品を納入することができる。
2．受託者は，個別契約に定める納入期日までに本製品を納入することができないおそれが生じた場合には，直ちに委託者に通知しなければならない。この場合において，委託者が納入期日の変更又はこれに付随する事項に関する指示を行ったときは，受託者は，当該指示に従うものとする。但し，本項の規定は，個別契約に定める受託者の義務及び責任を免れさせるものではない。

第11条（本製品の検品）

1．受託者が委託者に納入する本製品は，以下に定める基準（以下「検査基準」という。）に適合するものでなければならない。なお，以下に定める基準の間に矛盾又は誤謬その他の疑義が生じた場合には，以下に定める順序により，上位の基準が優先的に適用されるものとする。
  (1)　個別契約に定める仕様又は基準
  (2)　本貸与品として受託者に貸与された図面，仕様書，検査基準書及び技術

規格書又はこれらに準ずる書面に記載された仕様又は基準
   (3) 法令に定める仕様又は基準
   (4) 本製品に関してJIS規格その他公に定められた規格がある場合には，当該規格に定める仕様又は基準
   (5) 個別契約の本旨に則した基準
２．委託者及び受託者は，以下の事項につき合意した場合には，検査基準に適合しない本製品についても，第１号に基づき算出される不良率が第２号に定める許容不良率を超えない限り，検査基準に適合したものとみなすものとし，超えた場合には第３号に定めるところに従うものとする。
   (1) 検査単位，検査方法及び不良率の算定方法
   (2) 許容不良率
   (3) 許容不良率を超えた場合における，当該検査単位に属する本製品及び当該本製品に係る本支給品（もしあれば）の取扱い
３．委託者は，前条に基づき受託者から本製品の納入を受けた場合には，個別契約に定める期日までに，検査基準に従った検査（以下「検品」という。）を行うものとする。なお，検品に要する費用は，受託者の負担とする。
４．委託者は，検品の結果，本製品における検査基準の不適合，通常有すべき安全性の欠如（以下「欠陥」という。）その他の瑕疵又は数量の過不足を発見した場合には，速やかに受託者に通知するものとし，この場合の取扱いは，委託者及び受託者の間で別段の合意をした場合を除き，以下のとおりとする。なお，本項に基づき新たに納品した本製品についても，前項及び本項が適用されるものとする。但し，委託者の指図上の過誤その他委託者の責に帰すべき事由による瑕疵については，この限りではない。
   (1) 本製品の瑕疵
     受託者は，委託者の指示に従い，受託者の費用負担により，当該本製品を引き取ると共に，速やかに瑕疵の修補，代替品の納入又は対価の減額を行うものとする。なお，委託者は，委託者の指定した期日までに受託者が当該本製品を引き取らない場合には，受託者の費用負担によりこれを廃棄

することができるものとする。
  (2) 本製品の数量不足
    受託者は，委託者の指示に従い，受託者の費用負担により，速やかに不足分の納入又は対価の減額を行うものとする。
  (3) 本支給品の数量過剰
    委託者は，受託者の費用負担により，速やかに過剰分を受託者に返還するものとする。
5．第3項に基づく検品並びに前項に基づく瑕疵の修補，代替品又は不足分の納入及び対価の減額（以下「修補等」という。）は，個別契約に定める受託者の義務及び責任を免れさせるものではない。

第12条（品質管理体制）

1．受託者は，本製品の製造方法を記載した管理工程図，品質管理記録その他品質管理に関する書面を整備するものとする。
2．委託者は，本製品の品質を確保するために合理的に必要な範囲で，前項の書面の作成又は提出その他本製品の品質管理体制の整備又は改善を受託者に対して求めることができる。

第13条（担保責任）

1．受託者は，本製品に瑕疵又は数量不足があった場合には，検品合格後〇年以内に委託者がその事実を受託者に通知した場合に限り，本製品の修補等を行うと共に，当該瑕疵又は数量不足によって委託者に生じた損害を賠償する責任を負うものとする。なお，本製品の修補等については第11条第4項の規定を準用する。
2．前項に定めるほか，受託者は，本製品が第三者の権利を侵害していないことを表明し，かつ保証するものとし，委託者が第三者から本製品の侵害に関する訴訟その他の紛争の提起を受けた場合には，当該紛争の解決に協力すると共に，これによって委託者に生じた損害を賠償する責任を負うものとする。

なお，前項の期間は，本項の責任には適用されないものとする。

第14条（製造物責任）
1．受託者は，本製品の欠陥により第三者の生命，身体又は財産に損害が生じた場合には，かかる損害を賠償する責任を負うと共に，これによって委託者に生じた損害（原因究明，当該第三者との間の紛争解決並びに市場からの本製品の回収及び補修等に合理的に要した費用を含む。）を賠償する責任を負うものとする。なお，前条第1項の期間は，本条の責任には適用されないものとする。
2．前項にかかわらず，以下のいずれかに該当する場合には，受託者は前項の責任を負わないものとする。
  (1) 検品合格時における科学又は技術に関する知見によっては，本製品にその欠陥があることを認識することができなかったことを受託者が証明した場合
  (2) 本製品が委託者の製品の部品又は原材料として使用された場合において，その欠陥が専ら委託者の行った設計に関する指示に従ったことにより生じ，かつ，その欠陥が生じたことにつき受託者に過失がないことを受託者が証明した場合
3．委託者及び受託者は，本製品に欠陥があること又はそのおそれがあることを発見し，又はこれらに起因して自らが訴訟その他の紛争の提起を受けた場合には，直ちに相手方に対してその旨を通知し，相互に協力してこれを解決するものとする。
4．受託者は，自らの費用負担により，本条の責任を担保するために合理的に必要な生産物賠償責任保険に加入するものとする。なお，受託者は，委託者から求められた場合には，当該保険の加入を証する書面の写しを速やかに委託者に提出するものとする。

第15条（所有権の移転及び危険負担）

1. 本製品に係る所有権は，本製品が検品を合格した時点で，受託者から委託者に移転するものとする。
2. 検品の合格前に本製品が滅失又は毀損した場合には，その発生が委託者の責に帰すべき事由による場合を除き，当該滅失又は毀損は受託者が負担するものとする。この場合，受託者は，委託者及び受託者の間で別途合意した場合を除き，自己の責任及び費用負担において，本製品を改めて完成させなければならない。

第16条（知的財産権）

1. 本業務の遂行の過程で得られた発明，考案，意匠，著作物その他一切の成果（本製品を含む。）に係る特許，実用新案登録，意匠登録等を受ける権利及び当該権利に基づき取得する産業財産権並びに著作権（著作権法第27条及び第28条に定める権利を含む。）その他の知的財産権（ノウハウ等に関する権利を含み，以下「本知的財産権」という。）は，全て委託者に帰属する。この場合において，受託者は，委託者に権利を帰属させるために必要となる手続（発明者たる従業者からの権利の取得及び移転登録手続を含むが，これらに限られない。）を履践しなければならない。
2. 受託者は，委託者に対して，本業務の遂行の過程で得られた著作物に係る著作者人格権を行使しない。
3. 委託者及び受託者は，前二項に定める権利の帰属及び不行使の対価が委託料に含まれることを相互に確認する。

第17条（製造及び譲渡に関する制限）

受託者は，委託者の事前の書面による承諾がない限り，以下の行為を行ってはならない。

　(1) 本貸与品，本支給品又は［委託者が許諾若しくは提供したノウハウ等］に基づき，本製品と同一又は類似した製品を自己又は第三者のために製

造すること。
(2) 本貸与品，本支給品又は［委託者が許諾若しくは提供したノウハウ等］に基づき製造した本製品又は仕掛品その他の中間生成物を本業務以外の目的に使用し，又は第三者に譲渡し，担保に供し，若しくはその他の処分をすること。

第18条（第三者が保有する知的財産権の侵害）

受託者は，本製品が第三者の知的財産権の侵害を構成しないことを表明し，かつ保証するものとし，委託者が第三者から本製品の侵害に関する訴訟を提起され又は権利主張される等の紛争が生じた場合には，当該紛争の解決に協力すると共に，これによって委託者に生じた損害を賠償する責任を負うものとする。

第19条（部品供給）

受託者は，個別契約終了後も○年間は，当該個別契約に係る本製品の修補又は代替品の納入を行うために必要な本製品及びその部品を保管し，委託者が求めた場合には，当該本製品等を委託者に売り渡すものとする。なお，当該本製品等の売却価格その他の売却条件は，委託者及び受託者が誠実に協議して定めるものとする。

第4章　本業務の中止及び契約期間

第20条（個別契約の解約）

1. 委託者は，いつでも，受託者に対して書面をもって通知することにより，個別契約を解約することができる。
2. 委託者は，前項に基づき個別契約を解約した場合には，第3条第1項にかかわらず，受託者が既に遂行した本業務の割合に応じて製造代金を支払うものとし，かつ，当該解約によって受託者に損害が生じたときは，その損害を賠償しなければならない。

第21条（本契約の有効期間）

1. 本契約の有効期間は，平成〇年〇月〇日から平成〇年〇月〇日までとする。
2. 前項の規定にかかわらず，期間満了日の〇か月前までにいずれの当事者からも書面による終了の申入れがなかった場合には，同一条件でさらに〇年間更新されるものとし，その後も同様とする。

第22条（本契約及び個別契約の解除）

1. 委託者又は受託者が次の各号のいずれかに該当した場合は，当該委託者又は受託者の一切の債務は当然に期限の利益を失い，相手方は直ちに債務の全額を請求できるものとし，かつ相手方は，何らの催告なく直ちに本契約又は個別契約の全部又は一部を解除することができる。
   (1) 本契約又は個別契約に違反し，相手方が相当の期間を定めて催告したにもかかわらず当該期間内にこれを是正しないとき
   (2) 監督官庁より営業許可の取消し又は営業停止処分を受けたとき
   (3) 支払停止若しくは支払不能の状態に陥ったとき，又は，自ら振り出し若しくは引き受けた手形若しくは小切手が不渡り処分を受けたとき
   (4) 差押え，仮差押え，仮処分，競売，強制執行又は租税滞納処分を受けたとき
   (5) 破産手続開始，民事再生手続開始，会社再生手続開始，特別清算開始又はこれらに類似する倒産手続開始の申立てがあったとき又は自ら申し立てたとき
   (6) 解散，会社分割，事業譲渡又は合併の決議をしたとき
   (7) 災害，労働紛争その他により，その資産又は信用状態に重大な変化が生じ，本契約に基づく債務の履行が困難になるおそれがあると客観的に認められる相当の理由があるとき
   (8) その他前各号に準じる事由があるとき
2. 委託者及び受託者は，前項各号に定める事由が生じた場合は，直ちに相手方に通知する。

巻末資料1〔製造委託型〕

3．委託者は，受託者が第1項各号に定める事由に該当したことにより個別契約の全部又は一部を解除したときは，第3条第1項及び第20条第2項の規定にかかわらず，当該個別契約に定める製造代金の支払を免れるものとする。
4．第1項の解除は，第24条に定める損害賠償を妨げない。

第23条（本契約終了時の取扱い）
1．本契約が有効期間の満了その他の事由により終了した場合であっても，本契約の有効期間中に締結された個別契約については，当該個別契約が終了するまでの間，引き続き本契約が適用されるものとする。
2．第25条は，本契約終了後も3年間なお有効に存続するものとする。また，第8条第2項，第9条第3項，第13条，第14条，第16条第2項，第20条第2項，第24条，第26条，第27条，第28条及び第30条は，本契約終了後もなお有効に存続するものとする。

第5章　一般条項

第24条（損害賠償責任）
1．受託者は，本契約に違反した場合又は本業務に関連して受託者若しくは受託者の従業員の故意若しくは過失により委託者に損害を与えた場合には，委託者がこれによって被った損害を直ちに賠償しなければならない。
2．前項の規定は，受託者が本貸与物が滅失又は毀損した場合における，当該本貸与物に係る損害には適用しない。

第25条（秘密保持）
1．委託者及び受託者は，本業務に関連して相手方（以下，開示した当事者を「開示当事者」といい，開示を受けた当事者を「受領当事者」という。）から開示された一切の情報のうち，①開示時に当該情報が記載された書面又は電磁的記録において秘密である旨の表示が付された情報，②口頭又は視覚的方

法により開示された情報のうち，開示後10日以内に書面又は電磁的記録により秘密の範囲が明示された情報及び③個人情報（以下総称して「秘密情報」という。）については，相手方の事前の書面による承諾がない限り，第三者に開示若しくは漏洩し，又は本業務以外の目的に使用してはならない。但し，次の各号のいずれかに該当する情報は，秘密情報に含まれないものとする。
 (1) 開示当事者から開示された時点で既に公知となっていた情報又は開示された後に受領当事者の責によらずして公知となった情報
 (2) 開示当事者が開示を行った時点で既に受領当事者が保有していた情報
 (3) 受領当事者が第三者から機密保持義務を負うことなく適法に取得した情報
 (4) 開示当事者から開示された後に，開示された情報によらずに独自に開発された情報
2．前項にかかわらず，受領当事者は，法令，金融商品取引所規則又は行政機関若しくは裁判所の命令等によって開示を義務付けられた秘密情報については，これを開示することができる。この場合，受領当事者は，直ちに開示当事者に対してその旨を通知するものとする。
3．第1項にかかわらず，受領当事者は，自己（受託者においては再委託先を含む。）の役員，従業員又は弁護士，公認会計士若しくは税理士その他の法令上の守秘義務を負う専門家に対して秘密情報を開示することができる。この場合，受領当事者は，これらの者（法令上の守秘義務を負う者を除く。）をして，本条に定める義務と同等の義務を遵守させるものとし，これらの者が当該義務に違反したときは，当該義務違反は受領当事者の違反とみなして，その一切の責任を負うものとする。
4．受領当事者は，秘密情報が記載された書面又は電磁的記録に関し，施錠可能な場所への保管又はアクセス制限その他秘密情報の機密性を保持するために合理的な措置を講じるものとする。
5．受領当事者は，秘密情報の漏洩が生じた場合には，直ちに開示当事者にその旨を通知した上で，開示当事者の指示に従い，合理的な範囲内において，

直ちに必要な調査，拡大防止措置及び再発防止措置を講じるものとする。
6．受領当事者は，本契約が終了した場合は，開示当事者の指示に従い，速やかに秘密情報が記載された有体物を返還又は廃棄するものとする。

第26条（権利義務の譲渡禁止）

委託者及び受託者は，相手方の事前の書面による承諾がない限り，本契約若しくは個別契約上の地位又はこれらに基づく権利若しくは義務を第三者に譲渡し，担保に供し，又はその他の処分をしてはならない。

第27条（反社会的勢力の排除）

1．委託者及び受託者は，相手方に対し，本契約締結日及び個別契約締結日において，暴力団，暴力団員，暴力団員でなくなった時から5年を経過しない者，暴力団準構成員，暴力団関係企業，総会屋等，社会運動等標ぼうゴロ又は特殊知能暴力集団等その他これらに準ずる者（以下総称して「暴力団員等」という。）に該当しないこと及び次の各号のいずれにも該当しないことを表明し，かつ将来にわたって該当しないことを確約する。
   (1) 暴力団員等が経営を支配していると認められる関係を有すること
   (2) 暴力団員等が経営に実質的に関与していると認められる関係を有すること
   (3) 不当に暴力団員等を利用していると認められる関係を有すること
   (4) 暴力団員等に対して資金等を提供し，又は便宜を供与するなどの関与をしていると認められる関係を有すること
   (5) 自己の役員又は経営に実質的に関与している者が暴力団員等と社会的に非難されるべき関係を有すること
2．委託者及び受託者は，相手方に対し，自ら又は第三者を利用して次の各号のいずれかに該当する行為を行わないことを確約する。
   (1) 暴力的な要求行為
   (2) 法的な責任を超えた不当な要求行為

(3) 本業務に関して，脅迫的な言動をし，又は暴力を用いる行為
(4) 風説を流布し，偽計を用い又は威力を用いて相手方の信用を毀損し，又は相手方の業務を妨害する行為
(5) その他前各号に準ずる行為
3．委託者及び受託者は，前二項に違反する事項が判明した場合には，直ちに相手方に対して書面で通知するものとする。
4．委託者及び受託者は，相手方が前三項に違反した場合には，直ちに本契約又は個別契約の全部又は一部を解除し，かつ，これにより自己に生じた損害の賠償を請求することができる。この場合，相手方は，当該解除により自己に生じた損害の賠償を請求することはできないものとする。

第28条（不可抗力の免責）
1．天災その他の不可抗力事象が生じた場合，かかる事象の影響を受けた当事者の契約義務は，不可抗力によって生じた遅延の期間中は当然に一時停止されるものとし，これに関する債務不履行は生じないものとする。
2．前項に規定する天災その他不可抗力事象とは，地震，台風，水害，火災，戦争，内乱，流行病，ストライキ，政府又は公的機関の行為など，当事者が予見不能で，管理・対抗することができない一切の事象であり，当事者の責に帰すべき事由でないものをいう。

第29条（協議）
本契約及び個別契約に定めのない事項又はこれらの解釈に関する疑義については，委託者受託者双方が誠意をもって協議して解決するものとする。

第30条（紛争解決）
1．本契約及び個別契約の準拠法は日本法とする。
2．本契約及び個別契約に関する一切の紛争については，○○地方裁判所を第一審の専属的合意管轄裁判所とする。

巻末資料1〔製造委託型〕

　本契約締結の証として本書2通を作成し，両当事者記名押印の上，各1通を保有する。

平成○年○月○日

　　　　　　　　　　　　　委託者：

　　　　　　　　　　　　　受託者：

巻末資料2〔役務提供型〕

業務委託契約書（サンプル）

株式会社●●●（以下「委託者」という）と株式会社○○○（以下「受託者」という）とは，次のとおり契約（以下「本契約」という）を締結する。

第1条（本契約の目的）

委託者が受託者に対して市場調査を目的とした，●●に関する調査の実査・データ入力業務及びそれに付帯する業務（以下「本件業務」という）について委託し，受託者がこれを受託する。

第2条（委託内容及び対価）

1　委託者が受託者に委託する本件業務の内容及び履行期日，対価（委託料）は以下のとおりとし，委託者は受託者に対し，当該対価を第10条（支払方法）に定める支払方法に基づき支払うものとする。

　(1)　○の利用調査

　　　履行期日：平成○年○月○日

　　　報告方法：

　　　金額：○円（消費税別）

　(2)　○を利用した購買調査

　　　履行期日：平成○年○月○日

　　　報告方法：

　　　金額：○円（消費税別）

2　受託者は，本件業務を遂行するにあたり，委託者と緊密に連携して誠実かつ積極的に受託業務を遂行するものとする。

第3条（契約内容の変更）

　委託者及び受託者が，前条により成立した本契約の一部をやむを得ず変更するときは，両者協議して行うこととする。

第4条（履行）

　受託者は，本契約が成立したときは，直ちに本件業務に着手し，履行期日までにこれを完了しなければならない。但し，受託者が履行期日までに履行できないことに正当な理由があるときは，委託者及び受託者が協議の上，履行期日を変更することができる。

第5条（完了の報告）

1　本件業務が完了したときは，受託者は委託者に対して完了報告をしなければならない。
2　受託者は，本契約を履行期日に完了できないとき若しくは定められた内容どおり実施できないとき又はそのおそれが生じたときは，受託者の責めに帰すべき事由によるか否かにかかわらず，直ちに委託者に通知するとともに，その対応について委託者及び受託者は協議する。但し，緊急を要するときは，受託者は臨機の措置を講じ，事後遅滞なく委託者にその報告を行うものとする。

第6条（支払方法）

1　委託者は受託者に対し，本件業務の対価として，第2条（委託内容及び対価）に定める対価を支払うものとする。
2　受託者は，本件業務を完了した分につき，履行期日月末に締め切って集計し請求書を発行し，委託者はこれを，請求月の翌月末日までに受託者の請求書により指定された銀行口座に振込み，送金する方法で支払うものとする。なお，この場合の振込みにかかわる手数料は委託者が負担するものとする。

第7条（報告内容）

受託者は，本業務が本契約に従い適正に行われたこと及び報告内容の真正を保証する。

第8条（知的財産権の帰属）

1　本業務の遂行の過程で得られた発明，考案，意匠，著作物その他一切の成果（本製品を含む。）に係る特許，実用新案登録，意匠登録等を受ける権利及び当該権利に基づき取得する産業財産権並びに著作権（著作権法第27条及び第28条に定める権利を含む。）その他の知的財産権（ノウハウ等に関する権利を含み，以下「本知的財産権」という。）は，全て委託者に帰属する。この場合において，受託者は，委託者に権利を帰属させるために必要となる手続（発明者たる従業者からの権利の取得及び移転登録手続を含むが，これらに限られない。）を履践しなければならない。

2　受託者は，委託者に対して，本業務の遂行の過程で得られた著作物に係る著作者人格権を行使しない。

3　委託者及び受託者は，前二項に定める権利の帰属及び不行使の対価が委託料に含まれることを相互に確認する。

第9条（第三者が保有する知的財産権の侵害）

受託者は，本製品が第三者の知的財産権の侵害を構成しないことを表明し，かつ保証するものとし，委託者が第三者から本製品の侵害に関する訴訟を提起され又は権利を主張される等の紛争が生じた場合には，当該紛争の解決に協力すると共に，これによって委託者に生じた損害を賠償する責任を負うものとする。

第10条（損害賠償）

受託者は，本契約に違反した場合又は本業務に関連して受託者若しくは受託者の従業員の故意若しくは過失により委託者に損害を与えた場合には，委託者

がこれによって被った損害を直ちに賠償しなければならない。

第11条（支給物及び貸与物の管理）
1　受託者は、委託者から仕様書、資料等を支給または貸与された場合には、これらの仕様書、資料、ポジ等（以下「貸与物」という）を自己の財産に対するのと同一の注意をもって管理するものとし、本契約の履行の目的以外にはこれを使用してはならない。
2　受託者は、本契約の履行が終了したときは、貸与物は速やかに委託者に返却し、支給物は処分するものとする。

第12条（秘密保持）
1．委託者及び受託者は、本業務に関連して相手方（以下、開示した当事者を「開示当事者」といい、開示を受けた当事者を「受領当事者」という。）から開示された一切の情報のうち、①開示時に当該情報が記載された書面又は電磁的記録において秘密である旨の表示が付された情報、②口頭又は視覚的方法により開示された情報のうち、開示後10日以内に書面又は電磁的記録により秘密の範囲が明示された情報及び③個人情報（以下総称して「秘密情報」という。）については、相手方の事前の書面による承諾がない限り、第三者に開示若しくは漏洩し、又は本業務以外の目的に使用してはならない。但し、次の各号のいずれかに該当する情報は、秘密情報に含まれないものとする。
 (1)　開示当事者から開示された時点で既に公知となっていた情報又は開示された後に受領当事者の責によらずして公知となった情報
 (2)　開示当事者が開示を行った時点で既に受領当事者が保有していた情報
 (3)　受領当事者が第三者から機密保持義務を負うことなく適法に取得した情報
 (4)　開示当事者から開示された後に、開示された情報によらずに独自に開発された情報
2．前項にかかわらず、受領当事者は、法令、金融商品取引所規則又は行政機

関若しくは裁判所の命令等によって開示を義務付けられた秘密情報については，これを開示することができる。この場合，受領当事者は，直ちに開示当事者に対してその旨を通知するものとする。
3．第1項にかかわらず，受領当事者は，自己（受託者においては再委託先を含む。）の役員，従業員又は弁護士，公認会計士若しくは税理士その他の法令上の守秘義務を負う専門家に対して秘密情報を開示することができる。この場合，受領当事者は，これらの者（法令上の守秘義務を負う者を除く。）をして，本条に定める義務と同等の義務を遵守させるものとし，これらの者が当該義務に違反したときは，当該義務違反は受領当事者の違反とみなして，その一切の責任を負うものとする。
4．受領当事者は，秘密情報が記載された書面又は電磁的記録に関し，施錠可能な場所への保管又はアクセス制限その他秘密情報の機密性を保持するために合理的な措置を講じるものとする。
5．受領当事者は，秘密情報の漏洩が生じた場合には，直ちに開示当事者にその旨を通知した上で，開示当事者の指示に従い，合理的な範囲内において，直ちに必要な調査，拡大防止措置及び再発防止措置を講じるものとする。
6．受領当事者は，本契約が終了した場合は，開示当事者の指示に従い，速やかに秘密情報が記載された有体物を返還又は廃棄するものとする。

第13条（個人情報の取扱い）
1　委託者及び受託者は，本業務の遂行に関連して相手方から個人情報（個人情報の保護に関する法律（平成15年5月30日法律第57号）第2条第1項に定めるものをいう。以下同じ。）の開示を受けた場合には，本業務の目的の範囲において個人情報を取り扱うものとし，本業務の目的以外にこれを取り扱ってはならない。
2　受領当事者は，開示当事者から個人情報の開示を受けた場合には，直ちに個人情報の取得，移送，利用，保管及び廃棄を行う担当者及び責任者を選任した上で，開示当事者に対して当該担当者及び責任者の氏名，役職及び連絡

先を書面により通知するものとする。これを変更した場合も同様とする。
3　受領当事者は，個人情報に関する法令及びガイドラインを遵守するものとする。

第14条（契約業務の再委託）

1．受託者は，委託者の事前の書面による承諾を得た場合に限り，第三者（以下「再委託先」という。）に対し，本業務の全部又は一部を再委託することができる。
2．受託者は，前項に基づき再委託を行った場合には，直ちに再委託先の名称及び再委託した本業務の内容を書面により通知するものとする。
3．受託者は，第1項に基づき再委託を行った場合は，再委託先をして本契約及び個別契約に定める受託者の義務と同等の義務を遵守させるものとし，再委託先が当該義務に違反したときは，再委託先による当該義務違反は受託者の違反とみなして，その一切の責任を負うものとする。

第15条（権利義務の譲渡禁止）

委託者及び受託者は，相手方の事前の書面による承諾がない限り，本契約若しくは個別契約上の地位又はこれらに基づく権利若しくは義務を第三者に譲渡し，担保に供し，又はその他の処分をしてはならない。

第16条（有効期間）

本契約の有効期間は，契約締結日から第10条（支払方法）に基づき受託者の本件業務完了後，委託者が受託者に対し支払を完了する日までとする。

第17条（解除）

1　委託者又は受託者は，相手方に本契約に違反する行為がある場合は，10日以内の期間を定めてその是正を書面にて催告し，相手方がかかる違反を是正しない場合は，直ちに本契約の全部又は一部を解除することができるものと

する。
2 委託者又は受託者は，相手方に以下の各号に該当する事由が生じた場合には，相手方に対し何ら通知催告を要することなく，直ちに本契約を解除することができることとする。
　(1) 本契約に違反し，相手方が相当の期間を定めて催告したにもかかわらず当該期間内にこれを是正しないとき
　(2) 監督官庁より営業許可の取消し又は営業停止処分を受けたとき
　(3) 支払停止若しくは支払不能の状態に陥ったとき，又は，自ら振り出し若しくは引き受けた手形若しくは小切手が不渡り処分を受けたとき
　(4) 差押え，仮差押え，仮処分，競売，強制執行又は租税滞納処分を受けたとき
　(5) 破産手続開始，民事再生手続開始，会社再生手続開始，特別清算開始又はこれらに類似する倒産手続開始の申立てがあったとき又は自ら申し立てたとき
　(6) 解散，会社分割，事業譲渡又は合併の決議をしたとき
　(7) 災害，労働紛争その他により，その資産又は信用状態に重大な変化が生じ，本契約に基づく債務の履行が困難になるおそれがあると客観的に認められる相当の理由があるとき
　(8) その他前各号に準じる事由があるとき
3 委託者又は受託者（以下，本項において「解除者」という。）が本条第2項により本契約を解除した場合には，相手方に損害が生じても解除者は何らこれを賠償ないし補償することは要せず，またかかる解除により解除者に損害が生じたときは，相手方はその損害を賠償するものとする。
4 委託者又は受託者は，業務の都合等により本契約を継続しがたい事情が発生した場合，相手方に対し書面でその旨を相当な期間を定めて通知することにより，本契約を無条件で解約することができる。
5 委託者又は受託者は，相手方が本条第2項又は第4項により本契約を解除する場合は，全ての債務（本契約による債務に限定されない）につき当然の

期限の利益を喪失させ，直ちに全債務を弁済させることができる。

第18条（反社会的勢力の排除）
1．委託者及び受託者は，相手方に対し，本契約締結日及び個別契約締結日において，暴力団，暴力団員，暴力団員でなくなった時から5年を経過しない者，暴力団準構成員，暴力団関係企業，総会屋等，社会運動等標ぼうゴロ又は特殊知能暴力集団等その他これらに準ずる者（以下総称して「暴力団員等」という。）に該当しないこと及び次の各号のいずれにも該当しないことを表明し，かつ将来にわたって該当しないことを確約する。
 (1) 暴力団員等が経営を支配していると認められる関係を有すること
 (2) 暴力団員等が経営に実質的に関与していると認められる関係を有すること
 (3) 不当に暴力団員等を利用していると認められる関係を有すること
 (4) 暴力団員等に対して資金等を提供し，又は便宜を供与するなどの関与をしていると認められる関係を有すること
 (5) 自己の役員又は経営に実質的に関与している者が暴力団員等と社会的に非難されるべき関係を有すること
2．委託者及び受託者は，相手方に対し，自ら又は第三者を利用して次の各号のいずれかに該当する行為を行わないことを確約する。
 (1) 暴力的な要求行為
 (2) 法的な責任を超えた不当な要求行為
 (3) 本業務に関して，脅迫的な言動をし，又は暴力を用いる行為
 (4) 風説を流布し，偽計を用い又は威力を用いて相手方の信用を毀損し，又は相手方の業務を妨害する行為
 (5) その他前各号に準ずる行為
3．委託者及び受託者は，前二項に違反する事項が判明した場合には，直ちに相手方に対して書面で通知するものとする。
4．委託者及び受託者は，相手方が前三項に違反した場合には，直ちに本契約

又は個別契約の全部又は一部を解除し，かつ，これにより自己に生じた損害の賠償を請求することができる。この場合，相手方は，当該解除により自己に生じた損害の賠償を請求することはできないものとする。

第19条（存続条項）

　本契約終了後，第8条（知的財産権の帰属），第9条（権利の侵害），第10条（損害賠償），第12条（秘密保持），第24条（紛争解決）の規定は，その効力を存続する。

第20条（法令等の遵守）

1．受託者は，受託者の従業員の使用者として，労働基準法，労働安全衛生法，労働者災害補償保険法，職業安定法，社会保険諸法令その他受託者の従業員に対する法令上の責任を負うものとする。
2．受託者は，本業務の遂行にあたり受託者又は受託者の従業員が第三者に損害を与えた場合は，自らその損害（合理的な弁護士費用を含む。以下同じ。）を賠償する責任を負うものとする。

第21条（不可抗力）

1．天災その他の不可抗力事象が生じた場合，かかる事象の影響を受けた当事者の契約義務は，不可抗力によって生じた遅延の期間中は当然に一時停止されるものとし，これに関する債務不履行は生じないものとする。
2．前項に規定する天災その他不可抗力事象とは，地震，台風，水害，火災，戦争，内乱，流行病，ストライキ，政府又は公的機関の行為など，当事者が予見不能で，管理・対抗することができない一切の事象であり，当事者の責に帰すべき事由でないものをいう。

第22条　（協議）

　本契約及び個別契約に定めのない事項又はこれらの解釈に関する疑義につい

巻末資料2〔役務提供型〕

ては，委託者受託者双方が誠意をもって協議して解決するものとする。

第23条　（紛争解決）
1．本契約及び個別契約の準拠法は日本法とする。
2．本契約及び個別契約に関する一切の紛争については，○○地方裁判所を第一審の専属的合意管轄裁判所とする。

　本契約締結の証として本書2通を作成し，両当事者記名押印の上，各1通を保有する。

　本契約締結の証として本書2通を作成し，委託者及び受託者が記名押印のうえ，各自がこれを保有する。

平成○年○月○日

　　　　　　　　　　　　委託者：

　　　　　　　　　　　　受託者：

索　引

英字
OEM契約 …………………………… 50

あ行
委任 ……………………………… 3, 4, 5
違約金 ……………………………… 138
印紙税法 …………………………… 30
受入検査 …………………………… 80
請負 ……………………………… 3, 4, 5
運送関係業法 ……………………… 25

か行
改正民法 …………………………… 14
瑕疵担保責任 ……………………… 85
キーパーソン ……………………… 171
危険負担 …………………………… 99
偽装請負 ………………………… 9, 65
基本契約 …………………………… 37
建設業法 …………………………… 26
個人情報 …………………………… 185
個人情報保護法 ………………… 28, 193
個別契約 ………………………… 37, 40, 118

さ行
再委託 ……………………………… 73
支給品 ……………………………… 59
システム開発契約 ………………… 116
下請法 ……………………………… 21
準委任 ……………………………… 3
所有権の移転時期 ………………… 98

た行
製造代金 …………………………… 53
製造物責任 ………………………… 93
善管注意義務 ……………………… 38
前文 ………………………………… 34
倉庫業法 …………………………… 27
相当因果関係 ……………………… 134
損害賠償額の予定 ………………… 137
損害賠償責任 ……………………… 131

た行
知的財産権 …………………… 103, 181
知的財産法 ………………………… 29
著作権 ……………………………… 105
独占禁止法 ………………………… 17
特許権 ……………………………… 104

な行
内部統制 …………………………… 71
納品・検収 ………………………… 173

は行
反社会的勢力 ……………………… 154
秘密保持 …………………………… 142
品質管理体制 ……………………… 83
歩留り ……………………………… 62
暴排条項 …………………………… 155

ら行
リコール …………………………… 97
労働関係法等 ……………………… 28
労働者性 …………………………… 7

参考文献

1. 業務委託
   - 長谷川俊明編著『業務委託契約の基本と書式』(中央経済社,2017年)
   - 滝川宜信『業務委託(アウトソーシング)契約書の作成と審査の実務』(民事法研究会,2015年)

2. 民法改正
   - 筒井健夫＝村松秀樹編著『一問一答 民法(債権関係)改正』(商事法務,2018年)
   - 遠藤元一編著『債権法改正 契約条項見直しの着眼点』(中央経済社,2018年)
   - 潮見佳男『民法(債権関係)改正法の概要』(金融財政事情研究会,2017年)
   - 北浜法律事務所編『民法改正対応 取引基本契約書作成・見直しハンドブック』(商事法務,2018年)

〔編著者紹介〕

淵邊　善彦（ふちべ・よしひこ）

ベンチャーラボ法律事務所　弁護士

1987年東京大学法学部卒業。1989年弁護士登録。1995年ロンドン大学UCL（LL.M.）卒業。2000年よりTMI総合法律事務所にパートナーとして参画。2008年より中央大学ビジネススクール客員講師（2013年より同客員教授）。2016年より2018年まで東京大学大学院法学政治学研究科教授。2019年ベンチャーラボ法律事務所開設。主にM&A，国際取引，ベンチャー支援，一般企業法務を取り扱う。

主要著作として，『東大ロースクール　実戦から学ぶ企業法務』（日経BP社，2017年，共著），『契約書の見方・つくり方（第2版）』（日本経済新聞出版社，2017年），『シチュエーション別 提携契約の実務（第3版）』（商事法務，2018年，共著）等。

近藤　圭介（こんどう・けいすけ）

TMI総合法律事務所　パートナー弁護士

2005年中央大学法学部卒業。2007年弁護士登録。労働関係全般，M&Aを中心に取り扱う。主要著作として『シチュエーション別 提携契約の実務（第3版）』（商事法務，2018年，共著），『M&Aにおける労働法務DDのポイント』（商事法務，2017年，共著）等。

〔著者紹介〕

友村　明弘（ともむら・あきひろ）

TMI総合法律事務所　アソシエイト弁護士

2009年京都大学法科大学院修了。2010年弁護士登録。2018年Duke大学（LL.M., IP Law Certificate）卒業。知的財産法を中心に取り扱う。主要著作として『知的財産判例総覧2014』（青林書院，2016年，共著），『Q&A営業秘密をめぐる実務論点』（中央経済社，2016年，共著）等。

本木　啓三郎（もとき・けいざぶろう）

TMI総合法律事務所　アソシエイト弁護士

2010年慶應義塾大学法科大学院修了。2011年弁護士登録。2014年から2016年まで商社法務部に出向。労働関係全般，M&Aを中心に取り扱う。

星野　公紀（ほしの・きみのり）

TMI総合法律事務所　アソシエイト弁護士

2013年早稲田大学法科大学院修了。2014年弁護士登録。M&A，コーポレートガバナンス，独占禁止法案件を中心に取り扱う。

菅野　邑斗（かんの・ゆうと）

TMI総合法律事務所　アソシエイト弁護士

2014年中央大学法学部卒業。2015年弁護士登録。一般企業法務，倒産処理・企業再生を中心に取り扱う。

主要論文として『【法令ガイダンス】契約総則（3）危険負担・契約の解除，契約各論（1）売買』（レクシスネクシス・ジャパン，2018年，共著）等。

藤巻　伍（ふじまき・ひとし）

TMI総合法律事務所　アソシエイト弁護士

2013年中央大学法学部卒業。2015年弁護士登録。労務，スポーツ，ヘルスケア案件を中心に取り扱う。

川上　貴寛（かわかみ・たかひろ）

TMI総合法律事務所　アソシエイト弁護士

2013年東京学芸大学教育学部卒業，2016年弁護士登録。企業法務を中心に取り扱う。

主要論文として『【法令ガイダンス】民法改正 契約各論（4）雇用・請負・委任』（レクシスネクシス・ジャパン，2018年，共著）等。

業務委託契約書作成のポイント

2018年10月1日　第1版第1刷発行
2019年4月1日　第1版第6刷発行

編著者　淵　邊　善　彦
　　　　近　藤　圭　介

発行者　山　本　　　継

発行所　㈱中央経済社

発売元　㈱中央経済グループ
　　　　パブリッシング

〒101-0051　東京都千代田区神田神保町1-31-2
　　　　　　電話　03 (3293) 3371 (編集代表)
　　　　　　　　　03 (3293) 3381 (営業代表)
　　　　　　http://www.chuokeizai.co.jp/
　　　　　　印刷／三英印刷㈱
　　　　　　製本／㈲井上製本所

©2018
Printed in Japan

＊頁の「欠落」や「順序違い」などがありましたらお取り替えいたしますので発売元までご送付ください。（送料小社負担）

ISBN978-4-502-27691-0　C3032

JCOPY〈出版者著作権管理機構委託出版物〉本書を無断で複写複製（コピー）することは，著作権法上の例外を除き，禁じられています。本書をコピーされる場合は事前に出版者著作権管理機構（JCOPY）の許諾を受けてください。
JCOPY〈http://www.jcopy.or.jp　e メール：info@jcopy.or.jp　電話：03-3513-6969〉

会社法・法務省令大改正を収録！

「会社法」法令集 第十一版

中央経済社 編　A5判・688頁　定価3,024円（税込）

◆新規収録改正の概要
◆重要条文ミニ解説　　付き
◆改正中間試案ミニ解説

会社法制定以来初めての大改正となった、26年改正会社法と27年改正法務省令を織り込んだ待望の最新版。変更箇所が一目でわかるよう表示。

本書の特徴

◆会社法関連法規を完全収録
☞ 本書は、平成17年7月に公布された「会社法」から同18年2月に公布された3本の法務省令等、会社法に関連するすべての重要な法令を完全収録したものです。

◆好評の「ミニ解説」さらに充実！
☞ 重要条文のポイントを簡潔にまとめたミニ解説。平成26年改正会社法と平成27年改正法務省令を踏まえ大幅な加筆と見直しを行い、ますます充実！

◆引用条文の見出しを表示
☞ 会社法条文中、引用されている条文番号の下に、その条文の見出し（ない場合は適宜工夫）を色刷りで明記。条文の相互関係がすぐにわかり、理解を助けます。

◆政省令探しは簡単！条文中に番号を明記
☞ 法律条文の該当箇所に、政省令（略称＝目次参照）の条文番号を色刷りで表記。意外に手間取る政省令探しもこれでラクラク。

◆改正箇所が一目瞭然！
☞ 平成26年改正会社法、平成27年改正法務省令による条文の変更箇所に色付けをし、どの条文がどう変わったのか、追加や削除された条文は何かなどが一目でわかる！

中央経済社